Sabine Herold

Die geöffnete Himmelstür

24 Zugänge zum Advent

francke

Über die Autorin:
Sabine Herold ist verheiratet, hat drei Kinder und wohnt im Kanton Solothurn in der Schweiz. Sie ist reformierte Pfarrerin und referiert bei Frauenfrühstückstreffen.

Bibliografische Information Der Deutschen Bibliothek
Die Deutsche Bibliothek verzeichnet diese Publikation in der Deutschen Nationalbibliografie; detaillierte bibliografische Daten sind im Internet über http://dnb.ddb.de abrufbar.

ISBN 978-3-86827-611-4

35037 Marburg an der Lahn
Umschlagbild: © iStockphoto.com / pixhook
Umschlaggestaltung: Verlag der Francke-Buchhandlung GmbH / Christian Heinritz
Satz: Verlag der Francke-Buchhandlung GmbH
Printed in Czech Republic

www.francke-buch.de

Inhalt

Gott sei für dich die Tür zum Leben

Die offene Tür zu Liebe,
Geborgenheit und Angenommen-Sein.
Das Haus, in dem du
Ruhe und Sicherheit erfährst.
Das Dach über dem Kopf,
wenn der Sturm tobt.
Der Raum für deine Pläne,
Hoffnungen und Träume.

Er segne dich mit Frieden und Glück –
mit Heimat für immer.

Eingang

In der Adventszeit begegnen uns Türen aller Art: wunderschön geschmückte Haustüren, Türen im Adventskalender, Türen in Adventsliedern … Sie wollen uns dazu einladen, dass wir unsere Herzenstüren für den kommenden König öffnen.

Doch wenn wir die Gedanken weiterverfolgen, die durch die Türen im Advent angestoßen werden, merken wir: Es geht nicht nur im Advent um Türen, sondern das ganze Jahr über und unser ganzes Leben lang.

Auch die Bibel enthält Tür-Geschichten und erzählt von Türen – nicht nur von Haustüren, sondern auch von Glaubens- und Herzenstüren. Dieses Buch zeigt verschiedene Aspekte von Türen sowohl in der Bibel als auch im alltäglichen Leben auf, die uns auf unterschiedliche Weise nahegebracht werden. Manchmal werden wir hineingenommen in frühere Zeiten, manchmal geht es um persönliche Türerlebnisse oder um Türen, die unsere Sinne ansprechen wollen.

Gottes Tür ist immer für uns offen. Ich wünsche es uns allen, dass wir bei der Lektüre angeregt werden, dass auch unsere Herzenstür für Gott und für andere Menschen geöffnet wird. Dazu will dieses Buch einladen.

Es ist kein normaler „Adventskalender", bei dem Tag für Tag ein Türchen geöffnet (bzw. umgeblättert) wird, sondern ein Lebenskalender, der uns helfen will, uns selbst und den Gott des Lebens besser kennenzulernen.

Und an jedem Tag gilt:

Gesegnet wirst du sein bei deinem Eingang
und gesegnet bei deinem Ausgang.
(5. Mose 28,6)

Ihre
Sabine Herold

Hinweis zum Aufbau des Buches:
Jedes Kapitel enthält eine Geschichte oder einen Impuls zu einer Tür-Thematik. Vertiefende Fragen helfen, das jeweilige Thema persönlich zu reflektieren. Ein Aktiv-Tipp gibt Anregungen für eine adventliche Umsetzung.

Tür 1

Die Tür zum Advent

Adventsstraße Nummer 24. Ich bin richtig. Diese Anschrift steht klar und deutlich auf der Einladungskarte, die ich schon den ganzen Tag in klirrender Kälte mit mir herumtrage, immer auf der Suche nach dem richtigen Haus.

Vierundzwanzig Türen soll das Haus Nummer 24 haben, vor dem ich stehe. Ich sehe bis jetzt nur die Eingangstür und diese auch nur von außen.

Ob es sich lohnt, einen Blick hineinzuwerfen, das Haus zu erkunden, eine Türe nach der anderen zu öffnen, die Zimmer zu erforschen und mich auf das einzulassen, was mich im Inneren erwartet?

Noch immer stehe ich vor der Eingangstür. Soll ich wirklich? Es beginnt zu schneien. Je länger ich grüble, umso mehr sinkt mir der Mut.

Ich drehe mich um und will schon davongehen, doch da fällt mein Blick noch einmal auf die Karte, auf der in kleinerer Schrift ein Spruch steht, der mich seit Tagen beschäftigt: *„Sucht, so werdet ihr finden; klopfet an, so wird euch aufgetan!"*

Langsam wende ich mich wieder der geheimnisvollen

Türe zu und klopfe zögernd an, erst leise, dann lauter. Die Tür gibt durch mein Klopfen nach.

Ob sie schon die ganze Zeit offen gestanden hat, ohne dass ich es bemerkt habe?

Vorsichtig öffne ich die Tür so weit, dass ich ins Innere blicken kann. Ein einladendes Licht scheint mir entgegen und eine Wärme begrüßt mich, die mich wohlig von allen Seiten einhüllt und bis ins Herz geht.

Ich trete ein und mache die Türe hinter mir zu, damit die Kälte von außen nicht ins Innere des Hauses dringt. Ich wende mich um, sehe die Türe von innen und lese folgenden Spruch:

Siehe, ich habe vor dir eine Türe aufgetan und niemand kann sie zuschließen … (Offenbarung 3,8)

Vertiefung

Ich bin eingeladen, Gottes Türen für mich sowie meine Lebenstüren zu entdecken und nach meiner Herzenstüre zu fragen.

Ich lese noch einmal die beiden Bibelverse und denke darüber nach:

Matthäus 7,7: *„Bittet, so wird euch gegeben; sucht, so werdet ihr finden; klopfet an, so wird euch aufgetan!"*
Offenbarung 3,8: *„Siehe, ich habe vor dir eine Türe aufgetan und niemand kann sie zuschließen …"*

- Was spricht mich in diesen beiden Versen an?
- Um welche Türen geht es darin?

- Was haben diese Worte mit meinem Leben zu tun?
- Welche Lebenstüren aus meinem Leben könnten damit gemeint sein?
- Vor welchen Türen stehe ich zurzeit in meinem Leben?
- Welche Türen hat Gott mir schon geöffnet?
- Welche offene Türe wünsche ich mir von ihm?
- Ich schreibe auf, was mir wichtig geworden ist.

Eine offene Tür – für mich. Gott hat eine offene Tür für mich. Er öffnet mir die Tür zum Leben. Er selbst hat den Schlüssel. Wenn er öffnet, ist und bleibt es offen. Wenn er zuschließt, ist geschlossen.

In dieser Adventszeit bin ich eingeladen, jeden Tag eine Tür zu öffnen und mich selbst dem lebendigen Gott zu öffnen.

Ich komme mit Gott darüber ins Gespräch, lobend, dankend, klagend, fragend, bittend ...

Aktiv-Tipp

Ich fertige einen Adventskalender mit 24 Türen an und schreibe 24 gute Worte, Sätze, Sprüche, Ermutigungen, Bibelstellen hinter jede Tür. Diesen Kalender verschenke ich an jemanden, der diese Worte gut gebrauchen kann. Vielleicht bin ich ja selbst diese Person.

Übrigens: 24 Türen können auch mal mitten im Jahr geöffnet werden – z. B. auf die Zeit der Auferstehung Jesu hin … Oder wie wäre es mit einem „Geburtstagskalender“?

Tür 2

Was Türen sind …

Was ist überhaupt eine Tür und welche Türen gibt es?

Laut „Wikipedia“ ist eine Tür eine „Einrichtung zum Schließen einer Öffnung in einer Wand, in einer Mauer, in einem Durchgang oder in einem Einstieg“. Die Bezeichnung „Tür“ kommt von dem althochdeutschen *Turi/Tura*. Dieser Begriff wird im 8. Jahrhundert zum ersten Mal belegt. Türen dienen der Sicherheit, der Abgrenzung, zum Schutz vor neugierigen Blicken oder Eindringlingen. Türen ziehen eine Grenze zwischen „drinnen“ und „draußen“.

Mit Türen verbindet sich viel Symbolik. Und Türen sind ein Zeichen für Macht: Nicht von ungefähr spricht man von der „Schlüsselgewalt“. Im Mittelalter wurden dem siegreichen Belagerer die Schlüssel für die Stadttore und damit faktisch die Herrschaft über die Stadt übergeben.

1. Welche Türen kenne ich? Ich denke an Gebäude, an Grundstücke, an Fahrzeuge, an die Natur …
2. Welche Türen im Zusammenhang mit der Advents- und Weihnachtszeit fallen mir ein?
3. Ich denke an den Menschen und seine Sinnesorgane, die sich für Sinneseindrücke öffnen und sie einlassen können.
4. Wie würde ich persönlich das Wort „Tür“ definieren?

Türen

Verschlossene Türen – lassen warten,
ob und bis sie geöffnet werden.
Geschlossene Türen –
die Suche nach dem Schlüssel beginnt.
Offene Türen – der Durchgang ist frei –
Eingang zu neuen Räumen.
Einladende Türen – geschmückt mit Botschaften,
die willkommen heißen.
Sicherheitstüren – erzählen von Angst der Bewohner,
lassen Reichtum vermuten – und Einsamkeit.
Quietschende Türen – rufen nach Pflege.
Alte Türen – sprechen Bände,
bergen Geheimnisse vergangener Zeiten.
Neue Türen – neue Eingänge, neue Zugänge,
neue Ausgänge. Noch viel mehr Türen:
Deine Türen,
meine Türen,
Herzenstüren,
Himmelstüren.

Vertiefung

Ich gehe heute und in den nächsten Tagen mit offenen Augen durch den Alltag:

- Was für Türen sehe ich?
- Welche fallen mir besonders auf?
- Welche Türen sprechen mich an? Warum?
- Welche gefallen mir nicht? Warum nicht?
- Welche unsichtbaren „Türen" erkenne ich um mich herum?

Wenn mich Türen in der Bibel interessieren, suche ich den Begriff in einem Bibellexikon oder schaue im Internet unter „Türen in der Bibel" nach.

Aktiv-Tipp:

Ich fotografiere eine Tür, die mir besonders gut gefällt, und fertige daraus eine Karte an. Oder ich kaufe eine Tür-Karte und schreibe sie einer Person, die sich in der Adventszeit besonders über Post von mir freut.

Tür 3
Die Tür ohne Klinke

Das Lied „Lobt Gott, ihr Christen alle gleich" wird in der Advents- und Weihnachtszeit immer wieder gesungen – zumindest ist dieses noch in den traditionellen Gesangbüchern zu finden. Dieses Lied hat eine ganz besondere Geschichte. So ungefähr könnte sie sich zugetragen haben:

„Hilfe, Hilfe, Hiiiiiiiiiiiiiiiilfe! Ich will hier raus! Hilfe! Hört mich denn keiner?" Verzweifelt ließ sich Christoph auf den Boden sinken. Obwohl er schon ein erwachsener Mann war, weinte und schluchzte er wie ein kleines Kind. Er hatte Angst, Todesangst. Eingeschlossen in diesem dunklen Stollen ohne Wasser und Frischluft würde er nicht lange überleben. Möglicherweise würde dieses Weihnachten sein Todesdatum werden.

Heute hatte Christoph nach vielen Jahren wieder in sein Elternhaus in der Bergstadt St. Joachimsthal zurückkehren wollen. Kurz vor seinem Ziel hatte er es sich jedoch anders überlegt. Er bekam plötzlich große Bedenken und zog sich erst einmal in das nahe gelegene stillgelegte Silberbergwerk zurück, um in Ruhe nachzudenken und zu übernachten. Er kannte diesen Stollen nur allzu gut, denn jahrelang hatte er hier gearbeitet. Wenn nur diese unheilbringende, unbekannte, schwere Tür tief im Stollen nicht gewesen wäre – die Tür, die wie eine Falle hinter ihm zugeklappt und ins Schloss gefallen war. Und nun saß er gefangen im Kerker, eingesperrt wie eine Maus im Käfig. Hier gab es ohne Hilfe von außen kein Entkommen. Das war die Endstation. Die Tür hatte von innen keine Klinke, keinen Griff oder Riegel, um sie zu öffnen.

Christoph kauerte am Boden und lehnte sich mit seinem Rücken gegen die kalte Wand. Seine Gedanken wanderten zurück zu seinen Kindheitserinnerungen – zu einer heilen Welt, in der er sich so wohlgefühlt hatte. Vor seinem inneren Auge erschienen Bilder aus frühen Jahren. Es waren Bilder der Freude, der Gemeinschaft, der Melodien.

Er dachte an seinen Vater, den beliebten Lehrer und Kantor Nikolaus Herman. Ein Vater, der auch Freund sein wollte, der Groß und Klein ernst nahm und dessen Hauptbotschaft die Liebe Gottes war. Ihm fielen einzelne Liedstrophen ein, die der Vater gedichtet und mit ihm und auch mit dem Schülerchor gesungen hatte. Christoph erinnerte sich an die Abende, an denen er zusammen mit seinem Vater von der Chorprobe nach Hause gegangen war, immer in ein Gespräch vertieft. Und dann die wöchentlichen Gottesdienste in der kleinen Grubenkirche beim Bergwerk: Christoph, der selbst Bergmann war, hatte an vielen dieser Feiern teilgenommen, zusammen mit seinen Arbeitskollegen – den Untersteigern, Grubensteigern und dem Obersteiger. Alle zusammen hatten sie miteinander Jesus Christus als ihr Licht bekannt, auch im dunklen Bergwerk.

Doch dann hatte sich Christophs Leben verändert – nicht unbedingt zum Guten. Er hatte gut verdient und nach einigen Jahren Arbeit im Bergwerk ein kleines Vermögen angespart. Mit dem Geld hatte er sich viele Freunde gemacht und das Leben mit all seinen Vergnügungen kennengelernt. Damals hatte er sich keine Gedanken gemacht, sondern das Leben in vollen Zügen genossen. Nachdem ihn sein Vater deswegen besorgt zur Rede gestellt hatte, hatte Christoph seinem Elternhaus den Rücken gekehrt und wollte nichts mehr mit seiner Familie zu tun haben. Wochenlang, monatelang, jahrelang ließ er nichts mehr von sich hören. Am Anfang war er der festen Überzeugung gewesen, im Recht zu sein, doch mit den Jahren keimte eine leise Ahnung in ihm auf, dass es sein Vater gut mit ihm meinte. Christoph hatte inzwischen genug von seinem ausschweifenden Lebensstil. Er hatte längst gemerkt, dass sich die Zahl seiner Freunde nach der Größe seiner Geldbörse richtete: je dicker die Börse, desto größer der Freundeskreis. Echte Freunde waren das nicht.

Doch mit seinen Eltern hatte er es sich verdorben. Sein Versuch, nach Hause zurückzukehren, war heute, am Heiligabend, kläglich gescheitert, weil ihn kurz vor seinem Ziel der Mut verlassen hatte, weil Zweifel in ihm aufgestiegen waren, ob nicht sowieso alles sinnlos war.

Keiner hatte ihn bemerkt. Keiner hatte ihn gesehen. Mit dieser verpassten Gelegenheit, zu seinen Eltern zurückzukehren, hatte er sich womöglich nun sein eigenes Grab bereitet.

Diese Tür ohne Klinke an der Innenseite war sein Verderben.

Doch beim weiteren Nachdenken darüber wurde Christoph bewusst, dass diese Türe ein Bild für sein eigenes Herz war. Er hatte seinen Eltern, seiner Familie, ja Gott selbst die

Herzenstür verschlossen. Er wollte ihnen nicht mehr öffnen und hatte den Riegel von innen abgebrochen. So wie er in der Grube eingeschlossen war, war er auch gefangen in sich selbst, ohne Licht, ohne Hoffnung, ohne Leben.

Da fiel ihm ein Gedicht ein, das sein Vater geschrieben und oft mit ihm aufgesagt hatte. Christoph murmelte den Text Zeile für Zeile vor sich hin:

Hinunter ist der Sonne Schein,
die finstre Nacht bricht stark herein;
leucht uns, Herr Christ, du wahres Licht,
lass uns im Finstern tappen nicht.

Ja, das brauche ich jetzt, dieses Licht. Aber ob Jesus mir überhaupt noch leuchten will nach diesem Leben ohne ihn?

Dir sei Dank, dass du uns den Tag
vor Schaden, Gefahr und mancher Plag
durch deine Engel hast behüt'
aus Gnad und väterlicher Güt.

Aus welchem Grund hätte Gott mich auch behüten sollen? Ich habe mich ja selber in diese ausweglose Situation gebracht.

Womit wir heut erzürnet dich,
dasselb verzeih uns gnädiglich
und rechn es unsrer Seel nicht zu;
lass schlafen uns mit Fried und Ruh.

Ich weiß es genau: Ich brauche Vergebung. Ich brauche wieder Frieden mit Gott, auch Frieden mit mir selbst.

Dein Engel uns zur Wach bestell,
dass uns der böse Feind nicht fäll.
Vor Schrecken, Angst und Feuersnot
behüte uns, o lieber Gott.

Ja bitte, Gott, behüte mich. Wenn es irgendwie möglich ist, dann lass ein Wunder geschehen!

Ob Gott ihn überhaupt hörte? Christoph hatte lange, sehr lange nichts mehr von ihm wissen wollen. Warum sollte sich Gott ausgerechnet jetzt ihm zuwenden, nach so vielen gottlosen, dunklen Jahren, wo er nun völlig im Dunkeln saß? Dennoch gab ihm das Gebet ein wenig Trost und die dritte Strophe wurde für ihn zur Bitte um Vergebung für die letzten Jahre.

Vor Erschöpfung fiel Christoph schließlich in einen dämmrigen Schlaf …

(Fortsetzung siehe Tür 4)

Vertiefung

1. In welchen Situationen in meinem Leben habe ich mich selbst eingeschlossen, weil mir der Mut fehlte, den entscheidenden Schritt auf den anderen zuzugehen?
2. Was trennt mich von anderen Menschen bzw. steht trennend zwischen uns?
3. Gibt es Bitterkeit, durch die ich mich abgekapselt und entfernt habe?

Aktiv-Tipp

Wie geht wohl die Geschichte von Christoph weiter? Ich denke den Schluss zu Ende (ohne ihn schon zu lesen) und schaue mir dann alle Strophen vom Lied „Lobt Gott, ihr Christen …“ an (siehe am Ende von Türe 4 oder im Gesangbuch).

Ich kaufe mir eine Kerze mit einem Motiv oder Duft nach meinem Geschmack und zünde diese nun jeden Abend in der Adventszeit an. Ich könnte auch selbst eine oder zwei Kerzen gestalten.

Wo brauche ich in meinem Leben Licht, Klarheit, einen Hoffnungsschimmer?

Tür 4
„Heut schließt er wieder auf die Tür …"

(Fortsetzung von Tür 3 zum Lied „Lobt Gott, ihr Christen alle gleich")

… Vor Erschöpfung fiel Christoph schließlich in einen dämmrigen Schlaf.

Durch ein Rütteln und Klopfen an der Tür wurde er irgendwann aus seinem Dämmerzustand aufgeschreckt. Wie aus weiter Ferne hörte er eine Stimme: „Christoph, bist du da drin? Christoph!"

Es klang wie die Stimme des Obersteigers, mit dem Christoph jahrelang zusammen im Bergwerk gearbeitet hatte.

Dieser Obersteiger hatte sich am Vorabend in der Nähe der Grube aufgehalten und im Dunkeln eine Gestalt gesehen, die auf einmal verschwunden war. In der Nacht fand er keinen Schlaf und musste immer wieder daran denken, denn diese Person hatte ihn irgendwie an Christoph Herman erinnert. Am nächsten Morgen nach dem Frühgottesdienst ging der alte Bergmann auf Nikolaus Herman zu und erzählte ihm von der gestrigen Begegnung in der Dunkelheit. Auf Vater Nikolaus' Gesicht erschien ein hoffnungsvoller Schimmer. „Bitte lass uns zum alten Stollen gehen und nachschauen. Vielleicht war er es ja wirklich. Bitte komm mit mir!"

Und so waren die beiden Männer durch den tiefen Schnee zum Bergwerk gestapft. Jeder Schritt ließ in Christophs Vater die Hoffnung wachsen. Auf dem Weg rief er immer wieder den Namen seines Sohnes: „Christoph, Christoph, bist du da? Christoph, mein lieber Sohn!"

Keine Antwort. Der Obersteiger rief mit Nikolaus Herman zusammen. Dann kamen sie an den Eingang der Grube. Der Obersteiger sah den enttäuschten Blick seines Begleiters und stieg entschlossen mit der Grubenlampe in den Schacht, Sprosse für Sprosse. Nikolaus blieb im Dämmerlicht des Wintermorgens zurück und lief unruhig betend auf und ab. Auch ihm ging das Gedicht durch den Kopf, das er vor langer Zeit zusammen mit Christoph aufgesagt hatte. Die letzte Strophe betete er immer wieder.

Dein Engel uns zur Wach bestell,
dass uns der böse Feind nicht fäll.
Vor Schrecken, Angst und Feuersnot
behüte uns, o lieber Gott.

Nach einiger Zeit kam der Bergmann die Leiter nach oben gestiegen. Allein. Ohne Christoph. „Da ist niemand. Ich habe so lange gerufen. Es kam keine Antwort. Und die neue Türe ist auch fest zu …"

Nikolaus Herman sackte innerlich zusammen. Tränen stiegen in ihm auf. „Christus, erbarme dich! Erbarme dich über uns!"

Der alte Bergmann stand unschlüssig daneben. Er musste immer wieder an die schwere Tür im Stollen denken. Denn diese Tür konnte nur von einer Seite geöffnet werden. Nur von außen. Falls Christoph aus irgendeinem Grund auf der Innenseite sein sollte, war er gefangen, denn es gab keinen anderen Weg nach draußen. Plötzlich drehte sich der Obersteiger entschlossen um und stieg noch einmal die Leiter hinunter. Sprosse für Sprosse. Er murmelte dabei: „Ich geh nochmals runter und schaue nun auch hinter die Türe …"

Der Obersteiger stieg noch einmal in den Stollen und lief bis zu der schweren Tür. Er pochte dagegen, rüttelte und klopfte mehrmals, rief Christophs Namen und lauschte.

Es war dieses Rütteln und Klopfen an der Tür, das Christoph aus seinem Dämmerzustand herausriss. Er hörte wie aus weiter Ferne eine ihm bekannte Stimme: „Christoph, bist du da drin? Christoph!"

Es klang wie die Stimme des Obersteigers, mit dem er jahrelang zusammen im Bergwerk gearbeitet hatte.

„Ja, ich bin hier drin. Bitte helft mir!" Christoph rief die Worte wie ein Stöhnen mit der wenigen Kraft, die er noch hatte, aber seine Stimme war wohl nicht laut genug.

Der Obersteiger meinte, etwas gehört zu haben, war sich aber unsicher. „Ach was, es ist doch gleichgültig, ob jemand dahinter ist oder nicht. Jetzt will ich's wissen."

Und er machte sich an der Türe zu schaffen, öffnete sie mit einem Ruck und leuchtete in den Gang hinein. Da lag jemand auf dem Boden.

In Richtung Stollenausgang rief er laut: „Herr Kantor, da liegt jemand. Kommen Sie schnell!" Und zu Christoph gewandt: „Christoph, bist du das?" Der Bergmann fühlte den Puls, merkte, dass der junge Mann noch atmete.

Als Nikolaus Herman die Tür erreicht hatte und sich über seinen Sohn gebeugt hatte, bestätigte er voller Freude: „Ja, das ist er. Das ist mein Christoph!“ Und er beugte sich zu Christoph hinunter: „Christoph, ich bin es, dein Vater! Wach auf! Komm mit mir. Komm nach Hause! Jetzt wird alles gut! Jetzt können wir das Christfest feiern!“

Christoph öffnete die Augen, sah seinen Vater und wusste, dass nun etwas Neues beginnen würde. Er flüsterte: „Die Tür ist offen. Jetzt kann ich raus.“

Da Christoph viel zu schwach war und kaum laufen konnte, trugen ihn die beiden Männer aus dem Stollen heraus und brachten ihn nach Hause.

Der Obersteiger blieb nur noch kurz und wärmte sich an einem Tee. Er spürte, dass die Familie nun Zeit für sich brauchte.

Christoph und seine Mutter umarmten sich lange. Der Blick des Vaters ruhte liebevoll auf seinem Sohn. Er wusste, dass heute ein Wunder geschehen war. Gott hatte ihm seinen Sohn zurückgeschenkt – an dem Tag, an dem sich die Christenheit daran erinnert, dass Gott seinen Sohn schenkte und Mensch wurde.

Es brauchte an diesem Weihnachtstag nicht viele Worte zwischen Sohn und Eltern. Christoph war wieder daheim, auch innerlich. Und noch wichtiger: Er hatte heute zu Gott zurückgefunden. Gott hatte ihm noch einmal die Tür zum Leben geöffnet.

Am Abend, als alle längst schliefen, saß der Vater Nikolaus Herman noch lange in seinem Studierzimmer und dachte nach. Immer wieder dankte er dem himmlischen Vater für die Rettung seines Sohnes, für das Geschenk seines Sohnes Christoph und für Jesus Christus.

Das Bild von seinem Christoph hinter der Stollentür ließ ihn nicht los. Es wurde für ihn zu einem Bild, was Gott für die Menschheit vollbracht hatte. Die Menschen saßen ebenso wie Christoph gefangen hinter einer Türe, die sie nicht öffnen konnten. Immer auf der Flucht vor Gott hatten sie sich selbst in diese ausweglose Situation gebracht. Nur von außen konnte die Tür der Rettung, die Tür zum Leben wieder geöffnet werden. Und das tat Gott: Er wurde Mensch in Jesus Christus und öffnete für uns die Tür zum Leben, zum Paradies. Die Menschen dürfen aus ihrem Gefängnis heraus und nach Hause zurückkehren: zum himmlischen Vater.

Nikolaus Herman griff zu Papier und Feder und schrieb die Worte auf, die er auf dem Herzen hatte. So schrieb er für die Christen ein Lied, das wir bis heute singen:

1. Lobt Gott, ihr Christen alle gleich,
in seinem höchsten Thron,
der heut schließt auf sein Himmelreich
und schenkt uns seinen Sohn,
und schenkt uns seinen Sohn.

2. Er kommt aus seines Vaters Schoß
und wird ein Kindlein klein,
er liegt dort elend, nackt und bloß
in einem Krippelein,
in einem Krippelein.

3. Er äußert sich all seiner G'walt,
wird niedrig und gering
und nimmt an eines Knechts Gestalt,

der Schöpfer aller Ding,
der Schöpfer aller Ding.

4. Er wechselt mit uns wunderlich:
Fleisch und Blut nimmt er an
und gibt uns in seins Vaters Reich
die klare Gottheit dran,
die klare Gottheit dran.

5. Er wird ein Knecht und ich ein Herr;
das mag ein Wechsel sein!
Wie könnt es doch sein freundlicher,
das herze Jesulein,
das herze Jesulein!

6. *Heut schließt er wieder auf die Tür*
zum schönen Paradeis;
der Cherub steht nicht mehr dafür.
Gott sei Lob, Ehr und Preis,
Gott sei Lob, Ehr und Preis!

(Text und Melodie: Nikolaus Herman um 1550)

Vertiefung

Ich lese dieses Lied immer wieder durch. Vielleicht kann ich es sogar auswendig lernen.

Ich mache mir bewusst: Gott hat auch mir die Tür zum Leben geöffnet. Durch Jesus Christus ist auch für mich der Zugang zum Paradies, zu Gott, wieder frei. Ich darf durch die geöffnete Türe ins Leben gehen.

Ich komme mit Jesus ins Gespräch – lobend, dankend, staunend, fragend, klagend, bittend …

Aktiv-Tipp:

Wer in meinem Umfeld braucht zurzeit besonders Licht, Klarheit, einen Hoffnungsschimmer?

Wem könnte ich als Ermutigung ein Licht/eine Kerze schenken, vielleicht die Kerze, die ich gestern selbst gestaltet habe?

Ich versuche, mir Zeit für einen kurzen Besuch oder einen Anruf bei der Person einzurichten, für die ich diese Kerze gedacht habe.

Tür 5
Wenn Gott zuschließt …

Ein Interview mit Noah

Noah baute auf Gottes Geheiß eine Arche, ein großes Schiff, in dem Menschen und Tiere Platz hatten. Doch außer Noahs Familie wollte niemand durch die rettende Tür ins sichere Schiff steigen. Lange Zeit lag das Schiff auf dem Trockenen und es sah nicht danach aus, dass es jemals über Wasser fahren würde. Stellen wir uns doch einmal vor, wir könnten Noah ein paar Fragen stellen …

Noah, du hast damals einen großen Kasten gebaut, in dem Mensch und Tier übers Wasser fahren konnten. Wie kamst du auf diese Idee – erst recht in einer Gegend, in der das nächste Ufer sehr weit entfernt ist?

Noah: Gott sagte es mir. Er gab mir genau vor, was ich wie aus welchem Material bauen sollte. Die dreistöckige Arche hatte Kammern, Fenster und an der Seite eine Türe. Ich sollte neben meiner Familie von allen Tieren mit in das Schiff nehmen, ebenso genügend Vorräte.

Aber wozu denn, Noah? Welchen Grund gab es für ein solches Großprojekt?

Noah: Gott teilte mir mit, dass das Maß voll war. Die Menschen waren durch und durch böse und lebten wie Egoisten – ohne Gott. Er wollte die Menschheit, ja sogar alle Lebewesen durch eine große Sintflut vernichten.

Woher wusstest du, dass dies stimmte? Es sah ja lange weder nach Regen und erst recht nicht nach einer Flut aus.

Noah: Wenn Gott etwas beschließt und ankündigt, dann geschieht es. Zwar ist nicht immer klar, wann genau, aber es genügt, dass Gott den Zeitpunkt kennt.

Noah, warum hast du dann aber nicht noch mehr Menschen in die Arche genommen? Ist es nicht etwas selbstsüchtig, nur an deine eigene Familie zu denken?

Noah: Ich wollte doch! Ich erzählte meinen Freunden, Nachbarn und Kollegen immer wieder von Gottes Vorhaben und bat sie, von ihren falschen Wegen umzukehren, sich zu ändern. Ich sagte ihnen klar, was bei Gott zählt. Ich lud sie ein, mit mir in die Arche zu kommen. Aber sie wollten nicht. Im Gegenteil …

Was denn?

Noah: Sie lachten mich aus und hatten nichts Besseres zu tun, als mir zuzuschauen und mich zu verspotten. Oder sie ignorierten mich völlig, hörten mir nicht zu und behandelten mich wie Luft. Sie drehten sich nur um sich selbst, dachten ans Essen und Trinken, ans Heiraten und an ihre Zukunft. Sie merkten es zunächst gar nicht, als die Flut hereinbrach – bis es zu spät war.

Wie war das dann, Noah, als es losging mit den Regengüssen und mit der Flut? Hat denn niemand an die Tür der Arche geklopft?

Noah: Doch, natürlich haben sie geklopft.

Warum hast du ihnen nicht geöffnet? War das nicht gemein?

Noah: Das denken wohl einige, aber ich kann dazu nur sagen: Gott selbst hatte die Türe hinter uns zugeschlossen (1. Mose 7,16). Irgendwie entlastet es mich, dass nicht ich diese Entscheidung treffen musste, denn was danach kam, war schrecklich: das Klopfen, die Schreie … Andererseits hatten die Menschen in meiner Umgebung wochenlang die Chance gehabt, umzukehren und Gottes Reden ernst zu nehmen.

Und übrigens war es gar nicht so einfach, in diesem Kasten mit all seinen Geräuschen und Gerüchen wochenlang eingeschlossen zu sein. Wir hatten zwischendurch recht Mühe, auf so engem Raum unterwegs zu sein.

Da bin ich aber froh, dass wir heute nicht mehr vor die Entscheidung gestellt werden, mitten auf dem Trockenen durch die Tür eines Schiffes zu gehen und eine Reise anzutreten.

Noah: In gewisser Weise doch.

Wie meinst du das?

Noah: Gott hat den Menschen noch eine andere Tür der Rettung geschenkt: Jesus Christus. Die Tür der Arche ist ein Hinweis auf diese andere Tür. Jesus Christus sagt von sich: „Ich bin die Tür; wenn jemand durch mich hineingeht, wird er gerettet werden.“ (Johannes 10,9) Noch heute ruft Gott in Jesus Christus die Menschen. Er will, dass sie ihre Heimat bei ihm suchen. Er will ihnen helfen, will sie retten. Aber noch heute ist den Menschen ihr eigenes Ego wichtiger. Schade! Doch noch immer steht die Einladung von Jesus, durch ihn, die Lebenstüre, einzutreten.

Danke, Noah, für deine Tür-Gedanken, ich werde darüber nachdenken.

Vertiefung

Ich nehme mir Zeit, die biblische Geschichte von Noah im Zusammenhang zu lesen. Dann schlage ich einige Verse nach, die auf Noah Bezug nehmen.

Ich versetze mich in die Rolle von Noah und seiner Familie; in die Rolle der ausgeschlossenen Menschen vor der Arche.

Was empfinde ich dabei?

- Die Geschichte von Noah: 1. Mose 6,5-8,22
- Bibelverse, die sich auf die Noah-Geschichte beziehen: Matthäus 24,37-39; 1. Petrus 3,19-21; 2. Petrus 2,5; Hebräer 11,7

Als alle Tiere sowie Noah und seine Familie in der Arche waren, schloss der HERR selbst hinter ihm zu. Damit nahm er Noah die Entscheidung ab, ob und wann er die Türe schließen sollte.

Gott schließt Türen.

Welche Türe, welche Türen hat Gott schon in meinem Leben geschlossen und mich dadurch vor Schlimmem bewahrt? (Vielleicht weiß ich es bis heute nicht und hege noch immer eine Wut in mir, dass er mir eine Türe zugemacht hat?)

Was bedeutet mir Jesus persönlich? Wie denke ich über sein Wort „Ich bin die Türe“? Wie antworte ich auf seine Einladung an mich, einzutreten?

Aktiv-Tipp:

Die Advents- und Weihnachtszeit ist in vielen Familien auch eine Zeit, in der viel gebastelt wird. Vielleicht finden Sie in den kommenden Tagen ein wenig Zeit, um gemeinsam mit Ihren Kindern, mit Freunden oder auch allein etwas für einen lieben Menschen anzufertigen. Oder – siehe Tür 9 – Sie stellen etwas her, um es auf einem Basar oder Weihnachtsmarkt zu verkaufen.

Bastelideen rund um das Thema Türen/Schlüssel:

- Schlüsselanhänger aus Holz, Perlen oder Filz
- Ein Türschild aus Tonpapier, Salzteig oder Holz
- Türschmuck aus Naturmaterialien: z. B. Kastanien auf einen Draht fädeln und zu einem Kranz oder einem Herz biegen; einen Türkranz gestalten
- Schlüsselbrett: Alte, ausrangierte Schlüssel (oder neue Schlüssel aus dem Baumarkt) werden zu einem Haken gebogen. Dann werden diese Schlüssel auf einem Holzbrett befestigt. Das Brett kann vorher angemalt und beschriftet werden.

Im Internet oder in Bastelbüchern finden Sie sicherlich noch unzählige weitere Anregungen und Ideen!

Tür 6

Ein Fenster wird zur Tür

Nicht nur Türen dienen als Eingänge oder Ausgänge. Auch andere Öffnungen können Zugänge ermöglichen, so z. B. Fenster, wie es Frau F. in dem folgenden Erlebnis schildert:

Seit ein paar Monaten war ich im Besuchsdienst unserer Kirchengemeinde tätig. Mir gefiel die Aufgabe, alte und einsame Menschen zu besuchen – zunächst zu einem runden Geburtstag und auf Wunsch auch sonst übers Jahr verteilt.

Es war ein schöner Tag im Juni. Ich hatte Frau Schmid, die ich schon ein paarmal besucht hatte, Erdbeeren aus unserem Garten versprochen. Sie wusste, dass ich am Nachmittag zu ihr kommen würde. Es gehe ihr zwar nicht so gut, aber sie freue sich auf meinen Besuch, hatte sie mir versichert.

Als ich jedoch vor ihrer Tür stand, öffnete niemand. Ich klingelte und wartete, klingelte und wartete. Doch auch nach mehrmaligem Läuten blieb die Tür verschlossen. Dann hörte ich von innen ein leises Stöhnen und die schwache Stimme von Frau Schmid. Sie rief, die Tür sei offen. Sie sei im WC gestürzt und könne nicht mehr alleine aufstehen.

So betrat ich das Haus und suchte Frau Schmid. Als ich

die Tür zu ihr öffnen wollte, ging es nicht, weil sie durch den Sturz die Tür blockiert hatte. Ich durchdachte verschiedene Möglichkeiten, um ihr zu helfen. Viele gab es nicht. Mein Blick fiel auf einen Besen, der an die Wand angelehnt stand. Ich nahm diesen, öffnete das WC-Fenster und kletterte von außen durch die enge Öffnung zu Frau Schmid hinein. Ich erschrak bei ihrem Anblick und wusste, dass es schlecht um sie stand. Sie hatte Blut erbrochen und war sehr schwach. Nur mit größter Mühe konnte ich sie so lagern, dass ich die WC-Türe öffnen konnte.

Ich musste unbedingt Hilfe holen. Neben dem Telefon lag ein Zettel mit der Nummer der Sozialstation, die ich sofort kontaktierte. Die Pflegerin versprach, umgehend jemanden zu schicken und den Arzt zu informieren.

Unterdessen ging es Frau Schmid immer schlechter. Ich spürte, dass sie im Sterben lag. Ich betete mit ihr das Vaterunser und sang das Lied *So nimm denn meine Hände.* Trotz all der widrigen Umstände spürte ich eine große Kraft und eine tiefe Ruhe, von guten Mächten wunderbar geborgen und getragen zu sein.

Kurz darauf starb die Frau, bevor die Hilfe eintraf. Als diese kamen, konnten sie nur noch den Tod feststellen. Ihnen war bekannt, dass Frau Schmid schwer krank war, doch sie hatte sich geweigert, ins Krankenhaus eingeliefert zu werden. Sie wollte in ihren eigenen vier Wänden, in ihrem Eigenheim bleiben … und sterben.

Dieser letzte Besuch bei Frau Schmid hat sich mir tief eingeprägt. So deutlich hatte ich Gottes Engel noch nie gespürt. Dieses Erlebnis gab mir ein großes Vertrauen und neue Kraft.

(Die Namen wurden geändert.)

Vertiefung

1. Welche anderen, vielleicht ungewöhnlichen „Türen“ haben mir im Leben schon geholfen, um den Zugang zum Nächsten zu finden?
2. Habe auch ich ein „Fenster-Erlebnis“ gemacht oder andere Öffnungen durchschritten?
3. Inwiefern habe ich Gottes Engel erleben dürfen, Kraft und Hoffnung geschöpft?

Aktiv-Tipp

Heute schmücke ich in meiner Wohnung die Fenster. Ich räume die Fensterbänke auf, stelle Kerzen und weihnachtliche Deko hin, hänge Stroh- oder Papiersterne in die Fenster. Abends, wenn es dunkel ist, nehme ich mir Zeit für einen Spaziergang durch die Nachbarschaft. Ich achte darauf, ob und wie die Fenster geschmückt sind, ob sie erleuchtet oder verdunkelt sind.

Zugang

Du
vor mir
ganz nah
und doch so fern.
Denn zwischen uns
unsichtbar
eine Wand,
die Welten trennt.

Suchend
taste ich an ihr entlang,
suche die Tür,
die Zugang gewährt,
suche die Öffnung,
die den Weg zu dir
frei macht.

Bitte öffne mir!

Tür 7

Not-Ausgang

Bei meiner Tätigkeit als Pfarrerin und Referentin komme ich mit vielen Menschen in Kontakt, die mir häufig bewegende Geschichten erzählen. Eine davon ist diese Geschichte von Samuel, dem Sohn von M.S.:

An einem Freitagmorgen verabschiedete ich mich von meinem Sohn Samuel mit einem „Bhüet di Gott" (Gott behüte dich), bevor er zur Arbeit fuhr. Es war kurz vor Weihnachten und Samuel war zusammen mit seinen Arbeitskollegen zum Weihnachtsessen der Firma eingeladen. Vor zwei Monaten erst hatte unser Sohn die Fahrprüfung bestanden und seinen Führerschein erhalten. Da sein Auto in dieser Woche in der Werkstatt war, hatte er einen Ersatzwagen zur Verfügung.

Die Weihnachtsfeier dauerte bis spät in die Nacht bzw. bis in den frühen Morgen. Deshalb entschloss sich Samuel, nicht mehr nach Hause zu fahren, sondern bei einem Kollegen zu übernachten. Dieser musste jedoch früh am Morgen wieder zur Arbeit. Auch Samuel machte sich auf den Heimweg, obwohl er kaum mehr als drei Stunden geschlafen hatte. Er fühlte sich aber fit und fuhr den gewohnten Weg auf der Autobahn immer in Richtung nach Hause.

Doch die Müdigkeit saß ihm noch immer in den Gliedern und so fielen ihm die Augenlider zu. Samuel nickte hinter dem Steuer ein. Der Druck mit dem Fuß auf dem Gaspedal nahm langsam, aber sicher ab. Das Auto fuhr über die Fahrbahn auf den Pannenstreifen, prallte in die Leitplanke und kippte auf die Seite. Durch den heftigen Aufprall schreckte Samuel aus seinem Sekundenschlaf und meinte im ersten Moment, er habe nur geträumt. Doch in wenigen Sekunden realisierte er, was geschehen war. Reflexartig öffnete er die Tür des gekippten Autos, kletterte ins Freie und befreite sich aus dem Fahrzeug. Kaum hatte er das Auto verlassen, da begann es innerhalb von Sekunden zu brennen.

Die Polizei, die Feuerwehr und der Pannendienst waren rasch vor Ort. Das Auto brannte völlig aus, hatte Totalschaden und konnte nur noch abgeschleppt werden.

Wie durch ein Wunder blieb Samuel völlig unversehrt: Kein Haar war ihm durch den Unfall gekrümmt worden, kein Haar war durch das Feuer angesengt. Er war bewahrt worden und heil davongekommen. Gott sei Dank wurden auch keine anderen Personen in den Unfall verwickelt, verletzt oder gar getötet. Sogar Samuels eigenes Auto blieb verschont, da ja der Ersatzwagen verbrannte. Die Versicherung bezahlte alle Schäden. Sogar die Anwaltskosten wurden übernommen und der Anwalt stand Samuel beratend zur Seite. Einzig musste unser Sohn ein hohes Bußgeld bezahlen und eine Weile auf den Führerschein verzichten, denn: Sekundenschlaf gilt als gleich schlimm wie Alkohol am Steuer.

Ich bin überzeugt: Samuel hatte viele Schutzengel, so wie es in Psalm 91,11 heißt: *„Gott hat seinen Engeln befohlen, dass sie dich behüten auf allen deinen Wegen.“*

Im Nachhinein denke ich an die Bedeutung des Namens Samuel: „Gott erhört!“ Genau das hatte ich erfahren: Gott hört. Gott erhört Gebet! Gott hatte mein „Bhüet di Gott“ (Gott behüte dich) erhört. Gott war barmherzig mit unserem Samuel, sodass die Autotür für ihn zur rettenden Tür, zum rettenden Notausgang ins Leben wurde. Gott hat Samuel ein zweites Leben geschenkt! Gott sei Dank!

Vertiefung

In der Bibel wurde einst auch die Tür eines Fahrzeugs zur rettenden Tür. Die Tür der Arche, die Noah baute, wurde zum rettenden Eingang für Mensch und Tier: zum Noteingang! (nachzulesen in 1. Mose 7 und 8; vgl. Tür 5)

Dass ich leben darf, ist Tag für Tag ein Geschenk und nicht selbstverständlich. Jeder Tag ist ein Geschenk! Gott schenkt uns immer wieder Notausgänge und Noteingänge in unserem Alltag, um uns vor Schlimmem zu bewahren. Vermutlich merken wir es oft nicht einmal bzw. sehen diese Türen nicht.

Aktiv-Tipp

Ich gestalte und schmücke eine meiner Türen im Hinblick auf Weihnachten. Welche Farben oder Formen gefallen mir? Welche Symbole passen? Hat ein Schild mit dem Wort DANKE darauf Platz, um Gott für all die Notausgänge in meinem Leben zu danken?

Tür 8

Wunschtüren

Der bekannte amerikanische Prediger und Bürgerrechtler Martin Luther King hatte einen Traum, eine Vision vom friedlichen Zusammenleben aller Menschen. Jeder Mensch hat Träume, Wünsche, Visionen. Wir träumen nicht nur in der Nacht, sondern tragen in uns eine tiefere Sehnsucht. Manchmal öffnet sich diese Tür zum Träumen und wir geben dieser Sehnsucht, diesen Wünschen Raum.

Ich hatte während der Zeit meiner Ausbildung zur Pfarrerin einen Traum von Kirche und Gemeinde. Diesen Traum trage ich noch immer in mir, auch wenn die Realität oft ernüchternd anders ist. Ich halte an diesem Traum, an dieser Sehnsucht fest und möchte dazu beitragen, dass etwas davon Teil von unserem Leben wird.

Wieder stehe ich vor einer Tür. Irgendwie lädt sie mich zum Träumen ein – zum Träumen von Gemeinde, von Menschen, die Jesus nachfolgen und mit Gott unterwegs sein möchten. Und ich träume meinen Traum von Gemeinde:

Ich habe einen Traum ...

Ich habe einen Traum, dass eines Tages
alle Gemeinden, alle Kirchen der Welt
einander die Hand reichen
und sich am Tisch der Geschwisterlichkeit niederlassen.

Ich habe einen Traum, dass eines Tages
die Gemeinde Jesu Christi zu einem Ort der Einheit wird –
in aller Vielfalt – trotz aller Unterschiede;
gegründet auf Jesus, dem Fundament des Glaubens.

Ich habe einen Traum, dass eines Tages
Menschen nicht nach Äußerlichkeiten
und Leistung bewertet werden,
sondern in ihnen das Bild Gottes wahrgenommen wird.

Ich habe einen Traum, dass eines Tages
allein und zuerst Jesus Christus der Grundstein und die
Hoffnung der Gemeinde ist,
nicht das Streben nach Ruhm, Macht,
Selbstverwirklichung, Wachstum und Reichtum.

Ich habe einen Traum,
dass die Gemeinde niemals aufhört zu träumen
und zu hoffen,
dass die Gemeinde immer für die Visionen
von Gott offen bleibt und sie lebt.

Lasst daher die Glocken der Hoffnung läuten
und alle Kirchen, alle Gemeinden,
alle Christen daran erinnern,
dass sie einen Auftrag haben und diesen leben sollen,
nämlich befreiendes Leben, Liebe, Vergebung, Hoffnung,
Hilfe ... weitergeben!

(nach „I have a dream" von Martin Luther King)

So ist mein Traum vor dieser Tür. Ich weiß, dass die Realität nicht so ist – noch nicht. Aber in mir ist die Hoffnung ein wenig gewachsen, dass es so sein könnte – eines Tages … vielleicht hinter dieser Türe …

Ich drücke vorsichtig die Klinke herunter und öffne, gehe den ersten Schritt und trete ein.

Vertiefung

Ich habe einen Traum …

Wir Menschen träumen jede Nacht – mehr oder weniger intensiv. Manchmal wissen wir es noch tagelang, manchmal sind die Träume sofort vergessen.

Wir träumen aber auch am Tag. So nennen wir es, wenn wir unseren Gedanken, Wünschen, Sehnsüchten nachgehen.

Wie wäre es, mit einem Traumtagebuch zu beginnen? Sie können darin die Träume der Nacht und Ihre Tagträume festhalten, um den eigenen Sehnsüchten auf die Spur zu kommen, um sie vor Gott zu bringen und zu merken: Da ist ein Größerer, der selbst in meinen Gedanken, Träumen und Sehnsüchten präsent ist und mir darin begegnen will.

Aktiv-Tipp

Ich mache es mir heute Abend an einem schönen Platz gemütlich. Vielleicht habe ich sogar die Möglichkeit, am (offenen) Kaminfeuer zu sitzen und es zu genießen. Möglicherweise öffnet sich dabei meine Tür zum Träumen!

Wie wäre es dazu mit einem Glühwein oder Punsch?

Rezept für Glühwein/Punsch (für zwei Personen):
½ Liter Kirschwein (evtl. bei einem Obstbauern erhältlich) oder süßer Rotwein
1 Zimtstange
¼ Liter Traubensaft
1 EL Zitronensaft
1 Beutel Glühweingewürz
nach Bedarf: 1-2 EL Rohrzucker
evtl. ein paar Orangenscheiben beifügen

Alles erhitzen (nicht kochen) und möglichst warm genießen.

Für alkoholfreien Punsch: den Wein durch ½ Liter Kirschsaft/Traubensaft ersetzen und ¼ Liter Früchtetee (z.B. Orangentee) verwenden.

Tür 9

Öffne dein Tor!

Eine Geschichte zum Lied „Macht hoch die Tür, die Tor macht weit"

Das bekannte Adventslied „Macht hoch die Tür" hat eine eindrückliche Entstehungsgeschichte. Die nackten Fakten aus dem Jahr 1623 in Königsberg regen die Fantasie an, was sich alles hinter den Namen, Daten und nüchternen Informationen verbergen könnte. Was würden wohl die einzelnen Personen erzählen, wenn man sie fragen würde? Ob der Geschäftsmann Sturgis wirklich so stur war? Oder hatten seine harte, ablehnende Reaktion und seine verschlossenen Tore möglicherweise mit seiner eigenen Biografie zu tun? Es könnte vielleicht so gewesen sein …

*Stur*gis, *Stur*gis, *Stur*gis … tönte es in seinen Ohren, mit besonderer Betonung auf der Silbe „stur", sodass man den Rest seines Namens kaum hörte. Er, Johann[1] Sturgis, erfolgreicher Geschäftsmann und Getreidehändler, hatte in den letzten Wochen wiederholt mitanhören müssen, wie sein Name

1 Der Name Sturgis stimmt, der Vorname ist hinzugefügt.

verunstaltet wurde. Man konnte fast meinen, er hieße „stur" anstatt Sturgis.

Als „stur" hätte er sich selbst niemals bezeichnet. Da wären ihm ganz andere Namen eingefallen, auf die dieser unangenehme Charakterzug viel mehr zutraf! Doch seit einiger Zeit wurde ihm von verschiedenen Seiten Sturheit und Hartherzigkeit unterstellt. Sogar Horden von zerlumpten Kindern und Jugendlichen stellten sich in der Nähe von seinem Haus auf und sangen oder riefen in Sprechchören „*Stur*gis …" mit der Betonung auf „stur" in seine Richtung. So eine Frechheit!

Seine Gedanken wanderten weit zurück in die Vergangenheit …

***

Johann Sturgis war in der zweiten Hälfte des harten 16. Jahrhunderts in ärmlichen Verhältnissen aufgewachsen, in einer Zeit, die von Kriegen, Hungersnöten und Krankheiten geprägt war. Seine Eltern hatten oft nicht genug Geld, um Essen für die ganze Familie aufzutreiben. So ging der kleine Johann manches Mal mit leerem Magen ins Bett. Wenn er wieder einmal vor Hunger nicht einschlafen konnte, so stellte er sich vor, wie es sein musste, reich zu sein, immer genug zu essen auf dem Tisch zu haben und sich alles leisten zu können. Er nahm sich vor, alles zu tun, um später einmal nicht zu den Armen zu zählen. Er würde hart arbeiten, fleißig und zielstrebig sein.

Und das tat er dann auch: Er arbeitete bis zum Umfallen und kam mit Fleiß, mit seinem Sinn für Geschäfte und seiner kaufmännischen Begabung Schritt für Schritt seinem

Ziel näher: Er wurde reich und reicher. Zwar würde er nie zur angesehenen, alteingesessenen Oberschicht von Königsberg zählen, doch das störte ihn wenig. Er hatte erreicht, was er erreichen wollte: Nie mehr würde Johann Sturgis hungern müssen. Immer würde er mit vollem Magen zu Bett gehen können. An Essen, anständigen Kleidern und einem sicheren Dach über dem Kopf mangelte ihm nicht.

Vor Monaten hatte er sich ein stattliches, geräumiges Haus auf einem riesigen Grundstück in Königsberg erbauen lassen. Dieses Haus sah aus wie eines der Herrschaftshäuser der Königsberger Patrizier. Johann Sturgis war stolz und genoss jeden Tag in seinem Herrenhaus. Nur eine einzige Sache störte ihn: Sein Haus war von einer großen Wiese umgeben, über die ein Fußweg führte. Dieser Weg wurde vor allem von den Bewohnerinnen und Bewohnern des nahe gelegenen Armenhauses benutzt. Immer wenn Johann Sturgis diese Menschen in ihren Lumpen sah, konnte er ihren Anblick kaum ertragen. Da humpelten Kranke und Alte, ungepflegte Lausebengel und ausgehungerte Frauen und Kinder über den Weg in Richtung Stadt. Nicht einmal am Sonntag hatte er eine schönere Aussicht, denn da schleppte sich dieses Gesindel zur Kirche in den Gottesdienst. Warum konnte er, Johann Sturgis, diesen Anblick eigentlich nicht ertragen? Was lösten diese Menschen in ihm aus?

Nach und nach dämmerte es ihm: Auf keinen Fall wollte er tagtäglich an seine Vergangenheit erinnert werden, an seine eigene Kindheit und Jugend, die ebenso von Armut, Hunger, Leiden und Lumpen geprägt gewesen war wie das Leben dieser Leute.

Doch er hatte es geschafft. Er hatte sich sein jetziges Leben mit harter Arbeit verdient und wollte nie mehr zurück, nicht einmal in Gedanken. Deshalb verdrängte er, was gerade in ihm aufgestiegen war, und dachte an seinen ausgeklügelten Plan, wie er dieser Völkerwanderung vor seinem Haus ein Ende gesetzt hatte.

Johann Sturgis hatte das ganze Land ringsherum um sein Haus aufgekauft und alles mit einem hohen Zaun eingegrenzt. Dann hatte er ein großes, prächtiges Tor auf der einen Seite und eine kleine Pforte auf der anderen Seite anbringen lassen. Beide verriegelt, selbstverständlich. Nur er hatte den Schlüssel und damit die Macht, darüber zu entscheiden, wen er einlassen würde und wen nicht. Dass keiner in Lumpen mehr seinen Fuß auf sein Land setzen würde, war ihm klar.

Sturgis hatte seinen Plan wie immer klar und zielstrebig umgesetzt und schon bald konnte niemand mehr den schmalen Fußweg benutzen. Nun mussten die Bewohner in ihrem Armenhaus bleiben, weil für die meisten der Umweg bis ins Stadtinnere zu weit war. Sollten sie doch dahinvegetieren in ihrem „Siechenheim", wie das Armenhaus auch genannt wurde! Sturgis war zufrieden. Schadenfroh sah er immer wieder aus seinem Fenster auf den nun leeren und unbenutzten Fußweg. Doch zugleich stieg noch ein anderes Gefühl in ihm auf. Zuerst konnte er es nicht benennen, doch dann merkte er, dass es ein Gefühl von Einsamkeit war. Da war niemand mehr. Keine Armen und Bettler, so wie er es sich erhofft hatte, aber auch sonst kam niemand mehr vorbei. Nach und nach hatten sich alle Königsberger von ihm zurückgezogen, denn selbst auf mündliche und schriftliche Bitten der Bevölkerung hin hatte sich Sturgis nicht erweichen lassen, den Weg wieder freizugeben. Schließlich merkte er, dass hinter seinem Rücken über ihn gesprochen und getuschelt wurde und dass sein Name neuerdings anders betont wurde: *Stur*gis.

Hatte er vielleicht doch zu hart reagiert? War er am Ende tatsächlich stur geworden? Er wollte doch nur mit seiner Vergangenheit brechen und nicht ständig an diese elende Geschichte erinnert werden …

***

Pfarrer Georg Weissel saß an seinem Pult im Studierzimmer des einfach eingerichteten Pfarrhauses, den Kopf in seine Hände gestützt. Seine Gedanken wirbelten in seinem Kopf umher. Seine sowieso schwache Gesundheit war wieder einmal so weit angeschlagen, dass ihn jede Tätigkeit zu viel Kraft kostete. Und nun kamen noch Probleme in seiner Gemeinde dazu. In den letzten Wochen hatten sich immer wieder Bewohnerinnen und Bewohner aus dem Armenhaus zu ihm geschleppt und ihm ihr Leid geklagt. Sie durften den Fußweg vor dem Haus des reichen Geschäftsmannes Johann Sturgis nicht mehr benutzen. Er hatte sie mit einem hohen Zaun und den verschlossenen Toren ausgesperrt. Doch nicht nur das: Er hatte auch sein Herz gegenüber dem Elend und der Armut der Menschen verschlossen. Was war nur los mit ihm, der sonst so großzügig gespendet hatte? Und was konnte er, Georg Weissel, tun, um den Armen zu helfen und ihnen den Weg wieder zugänglich zu machen?

Gedankenverloren öffnete er die Schublade seines Pultes und blätterte darin. Schließlich zog er ein beschriebenes Papier hervor, überflog den Text mit seinen Augen und entspannte sich zunehmend. Genau das war der richtige Text. Er hatte ihn vor einigen Jahren aufgrund eines persönlichen Erlebnisses geschrieben. Mitten in einem Unwetter hatte Weissel Zuflucht im Dom gefunden. Der freundliche Glöckner hatte ihm das Tor weit geöffnet und ihn mit den Worten eingelassen: „Willkommen im Haus des Herrn! Hier ist jeder in gleicher Weise willkommen, ob arm oder reich, ob Tagelöhner oder Adliger. Das Tor des Königs aller Könige steht jedem offen!"

Diese Worte waren für Georg Weissel eine der besten Predigten seines Lebens gewesen. Während er damals in der Kirche auf das Ende des Sturmes gewartet hatte, war folgender Text in ihm entstanden. Die erste Strophe lautete:

Macht hoch die Tür, die Tor macht weit;
es kommt der Herr der Herrlichkeit,
ein König aller Königreich,
ein Heiland aller Welt zugleich,
der Heil und Leben mit sich bringt;
derhalben jauchzt, mit Freuden singt:
Gelobet sei mein Gott,
mein Schöpfer reich von Rat.

Das war genau der richtige Text für das bevorstehende Adventssingen und vor allem für das Singen vor Sturgis' Haus. Nun musste nur noch eine Melodie dazu verfasst und der Chorleiter für dieses Projekt gewonnen werden. Er selbst, Pfarrer Georg Weissel, würde diesmal auch mitsingen. Und wer konnte es wissen – vielleicht würde dadurch der sture Kaufmann berührt, seine Herzenstür, aber auch sein verschlossenes Tor endlich wieder zu öffnen?

Bald war alles vorbereitet: Alle Beteiligten waren eingeweiht, die Melodie war komponiert und der Chor war fleißig am Proben. Schließlich standen Pfarrer Weissel, der Chorleiter mit allen Sängerinnen und Sängern sowie viele der Armenhäusler am vierten Advent vor dem verschlossenen Tor, das zu Sturgis' Haus führte.

Zunächst sah Sturgis nur aus dem Fenster, doch während der Chor die erste Strophe sang, kam er aus dem Haus bis zum Tor. So stand er auf der anderen Seite und hörte andächtig zu. Georg Weissel begann mit seiner Ansprache. Er erzählte vom König aller Könige, der auf all seine Herrlichkeit und seinen Reichtum verzichtete und Mensch wurde, um uns ganz nah zu sein. Dieser König wartete noch heute vor den verschlossenen Herzenstüren darauf, dass ihm geöffnet und er eingelassen würde.

„Ich flehe Euch an", wandte sich der Pfarrer nun direkt an den reichen Kaufmann, „öffnet nicht nur dieses sichtbare Tor, sondern das Tor Eures Herzens und lasst den König der Könige ein, bevor es zu spät ist!"

Bevor Sturgis irgendetwas erwidern konnte, setzte der Chor ein und sang das ganze Lied von der ersten bis zur letzten Strophe.

Johann Sturgis war tief berührt. Tränen traten in seine Augen. Hatte ihm nicht der König aller Könige zu all seinem Reichtum verholfen und ihn so reich beschenkt? Hatte er nicht allen Grund, Gott dafür zu danken und von seinem vielen Besitz großzügig abzugeben? In seinem Innersten regte sich etwas. Sein hartes Herz wurde weicher. In ihm bebte eine Erschütterung, wie er sie bis dahin nie erlebt hatte.

Seine Hände zitterten, als Johann Sturgis in seine Tasche griff und einen großen Schlüssel herauszog. Er führte diesen ins Schlüsselloch und drehte ihn in Richtung Weite, Offenheit und Freiheit. Sturgis öffnete die beiden Torflügel weit und lud alle Anwesenden mit einer Handbewegung ein, einzutreten.

Mit heiserer, vor innerer Bewegung zitternder Stimme verkündete der Geschäftsmann: „Von nun an sollen die Tore und Türen immer geöffnet bleiben. Nie mehr will ich den König aller Könige abweisen, nie wieder die Augen vor den Menschen verschließen, die Hilfe brauchen. Alle sollen mir von nun an willkommen sein!"

Und so lud er die ganze Gesellschaft in sein Haus ein und bewirtete sie mit vielen Leckerbissen, sodass an diesem Abend niemand hungrig ins Bett gehen musste. Auch musste niemand mehr den weiten Umweg in die Stadt oder zur Kirche machen. Der Fußweg stand jedem offen und wurde von nun an „Adventsweg" genannt.

Sturgis, der sich an diesem vierten Advent von seiner Sturheit verabschiedet hatte, bat Pfarrer Weissel, dieses neue, berührende Lied *Macht hoch die Tür* in sein Gesangbuch zu schreiben. Nachdem Georg Weissel das letzte Wort aufgeschrieben hatte, bat er wiederum seinen neuen Freund, die für ihn wichtigste Zeile zu unterstreichen. Ohne lange zu überlegen, nahm Sturgis die Feder in die Hand und unterstrich die Worte der 5. Strophe: „Komm, o mein Heiland Jesu Christ, meins Herzens Tür dir offen ist …"

Dann las er das ganze Lied noch einmal Wort für Wort durch und ließ es tief auf sich wirken:

1. Macht hoch die Tür, die Tor macht weit;
es kommt der Herr der Herrlichkeit,
ein König aller Königreich,
ein Heiland aller Welt zugleich,

der Heil und Leben mit sich bringt;
derhalben jauchzt, mit Freuden singt:
Gelobet sei mein Gott,
mein Schöpfer reich von Rat.

2. Er ist gerecht, ein Helfer wert;
Sanftmütigkeit ist sein Gefährt,
sein Königskron ist Heiligkeit,
sein Zepter ist Barmherzigkeit;
all unsre Not zum End er bringt,
derhalben jauchzt, mit Freuden singt:
Gelobet sei mein Gott,
mein Heiland groß von Tat.

3. O wohl dem Land, o wohl der Stadt,
so diesen König bei sich hat.
Wohl allen Herzen insgemein,
da dieser König ziehet ein.
Er ist die rechte Freudensonn,
bringt mit sich lauter Freud und Wonn.
Gelobet sei mein Gott,
mein Tröster früh und spat.

4. Macht hoch die Tür, die Tor macht weit,
eur Herz zum Tempel zubereit'.
Die Zweiglein der Gottseligkeit
steckt auf mit Andacht, Lust und Freud;
so kommt der König auch zu euch,
ja, Heil und Leben mit zugleich.
Gelobet sei mein Gott,
voll Rat, voll Tat, voll Gnad.

5. Komm, o mein Heiland Jesu Christ,
meins Herzens Tür dir offen ist.
Ach zieh mit deiner Gnade ein;
dein Freundlichkeit auch uns erschein.
Dein Heilger Geist uns führ und leit
den Weg zur ewgen Seligkeit.
Dem Namen dein, o Herr,
sei ewig Preis und Ehr.

Vertiefung

Ich lese das Lied „Macht hoch die Tür" für mich durch. Vielleicht singe ich es auch. Ergänzend dazu lese ich Psalm 24.

1. Wo schrecke ich durch mein Verhalten andere Menschen ab und hindere sie daran, Gott näherzukommen?
2. Wo fehlt mir der Blick für die Bedürfnisse meiner Mitmenschen?

Aktiv-Tipp

1. Wie könnte ich jemandem heute bzw. in dieser Adventszeit ganz konkret eine Türe öffnen und helfen? Praktisch oder finanziell?
2. Ich könnte eine Zeit-Türe, eine Gaben-Türe oder eine Geld-Türe öffnen.
3. Wie wäre es mit einem Bazar oder einem Stand auf einem Adventsmarkt, an dem ich zusammen mit anderen selbst gemachte und gebastelte Dinge verkaufe, die Menschen in Not bzw. einem Hilfswerk zugutekommen?

Psalm 24

Dem Herrn gehört die ganze Welt und alles, was auf ihr lebt.
Die Erde befestigte er über dem Wasser, ihre Fundamente legte er auf Meeresgrund.
„Wer darf auf den Berg des Herrn gehen und seinen heiligen Tempel betreten?“
„Jeder, der kein Unrecht tut und ein reines Gewissen hat.
Jeder, der keine fremden Götter anbetet und keinen falschen Eid schwört.
Einen solchen Menschen wird Gott reich beschenken und für schuldlos erklären; der Herr ist sein Helfer!
Das gilt den Menschen, die sich nach dir richten und im Gebet deine Nähe suchen, du Gott Jakobs.“
„Hebt euch aus den Angeln, ihr Tore! Öffnet euch weit, ihr alten Portale, denn der König will einziehen, die höchste Majestät!“
„Wer ist denn dieser mächtige König?“
„Es ist Gott, der Herr, der Starke, der Held. Es ist der Herr, der siegreiche König!“
„Hebt euch aus den Angeln, ihr Tore! Öffnet euch weit, ihr alten Portale, denn der König will einziehen, die höchste Majestät!“
„Wer ist denn dieser mächtige König?“
„Es ist der Herr über Himmel und Erde. Er ist der mächtige König!“

Tür 10
Die schützende Tür

„Es brennt, es brennt!", riefen unsere beiden jüngeren Söhne an einem Sonntagabend vom oberen Stockwerk herunter.

Im Zimmer unseres ältesten Sohnes war ein Ladegerät explodiert und in Flammen aufgegangen. Reflexartig hatten die Buben den Stecker gezogen; dann hatten sie gerufen. Rasch rannte ich die Treppe hoch, um mich von dieser Nachricht zu überzeugen. Tatsächlich; schon auf der Treppe konnte ich den Brandgeruch riechen. Schnell breitete sich das Feuer im Holzregal aus und fraß sich vorwärts.

Inzwischen waren auch mein Mann und unser ältester Sohn nach oben gekommen. Sofort wurden der Feuerlöscher und die Löschdecke geholt, die beide für den Ernstfall bereitstanden. Mein Mann löschte und deckte den Brandherd, dann schloss er die Zimmertüre. Die Flammen schienen gelöscht.

Dennoch alarmierte ich die Feuerwehr, denn man konnte nie wissen … Und dies war eine gute Entscheidung, denn die Glut war nicht vollständig gelöscht worden, sondern hatte sich weiter in das Holz hineingefressen, sodass das Feuer erneut ausbrach. Die Decke und auch der Feuerlöscher reichten nicht aus. Es qualmte und rauchte und stank.

Wir verließen das Haus. In diesen bangen Momenten rechnete ich damit, dass nun wohl vieles dem Feuer zum Opfer fallen würde oder nach dem Brand nicht mehr brauchbar sein würde. Doch zugleich war vieles auch gar nicht mehr wichtig. Hauptsache, es passierte keinem Menschen etwas!

Von draußen konnten wir sehen, dass es inzwischen im Zimmer unseres Sohnes orange leuchtete und flackerte. Das Feuer brannte und fraß weiter, immer heftiger und größer.

Vom Dorf her näherte sich mit Blaulicht und Sirenen die Feuerwehr. Unglaublich, wie viele Feuerwehrleute es waren und wie gut durchorganisiert die Löschaktion vor sich ging! Die Feuerwehrleute hatten alle Hände voll zu tun. Zwischendurch schaute jemand nach uns, die Polizei kam und stellte ein paar Fragen. Auch einzelne Nachbarn kamen und fragten, ob sie helfen könnten. Uns wurden sogar Übernachtungsmöglichkeiten angeboten, falls wir unser Haus nicht würden benutzen können. Dies erlebte ich in unserer Situation als sehr ermutigend.

Die Kinder und ich bekamen von dem Einsatz allerdings nicht sehr viel mit, weil wir in Sicherheit gebracht worden waren. Die Zeit verging auch hier wie im Flug, denn ich war voll und ganz damit beschäftigt, die Kinder zu beruhigen.

Unser jüngster Sohn zitterte wie Espenlaub. Und plötzlich brach er in Tränen aus und weinte den ganzen Schreck, die Angst, die letzte erlebte Stunde heraus. Der zweite Sohn zitterte am ganzen Leib vor Kälte und wurde in eine Wärmedecke der Polizei gewickelt.

Der älteste Sohn wirkte nach außen hin cool, aber er sah bleich aus. Ich selbst vermutlich auch.

Als wir spät am Abend wieder das Haus betreten konnten, war alles von einer dünnen Schicht Löschpulver überzogen. Die Holztreppe war von den vielen Schuhen so verschmutzt, dass sie kaum wiederzuerkennen war. Es roch scharf nach Rauch, der jedoch ungefährlich war, wie uns gesagt wurde. Das halbe Zimmer des ältesten Sohnes war kohlrabenschwarz verrußt und verbrannt. Auch die Zimmertür hatte ihre Farbe von naturholz zu schwarz gewechselt. Aber sie hatte das Feuer lange zurückgehalten. Rauch war zwar durch alle Ritzen gekrochen, aber das Feuer hatte sich nicht noch weiter ausbreiten können, weil die Tür geschlossen war. Somit hatte uns diese Tür vor noch größerer Gefahr gerettet und hatte Schlimmeres zurückgehalten.

Diese erste Nacht war allerdings sehr schwierig, denn an Schlaf war kaum zu denken. Immer wieder kreisten meine Gedanken wild durch meinen Kopf: Was wäre gewesen, wenn das Feuer in der Nacht ausgebrochen wäre? Das Feuer war zwischen der Tür und dem Bett von unseren Sohn ausgebrochen. Hätte er überlebt?

Noch heute stoppe ich diese Gedanken bewusst und bin Gott sehr dankbar, dass die ganze Feuergeschichte bei uns weder Menschenleben gekostet noch größeren Schaden angerichtet hat.

Auch wenn die Renovierung viel Zeit in Anspruch nahm, war es doch auch eine wichtige Arbeit und Zeit, um das Erlebte verarbeiten zu können.

Vertiefung

Türen haben Schutzfunktion. Sie schützen, beschützen uns, schenken Geborgenheit und Sicherheit. Die richtige Tür am richtigen Ort kann Leben retten, so auch Brandschutztüren.

Inwiefern habe ich persönlich schon eine Tür als Schutz erlebt?

Aktiv-Tipp

Gerade in der kalten Jahreszeit ist ein Feuer im Ofen angenehm. Die flackernden Flammen bewirken eine gemütliche Atmosphäre und verbreiten Wärme. Ich beobachte die Kraft der Flammen. Ich mache mir die Kraft des Feuers bewusst – sowohl die wärmende als auch die zerstörende Kraft.

Ein unvergessliches Erlebnis, besonders für Kinder, ist ein Lagerfeuer im Winter. Wenn es das Wetter erlaubt, kann z. B. in einer Feuerschale ein kleines Feuer entzündet werden. Die Krönung dabei ist ein leckeres Stockbrot:

Stockbrot für 6 Portionen:
400 g Mehl
1 Päckchen Trockenhefe
1 EL Zucker
250 ml Milch
2 EL Öl
1 Prise Salz

Alle Zutaten vermischen und an einem warmen Ort ca. 15 Min. gehen lassen. Dann den Teig portionsweise um Stöcke wickeln und über dem offenen Feuer garen.

Dazu passt wunderbar ein heißer Punsch – ein Rezept dazu finden Sie im Aktiv-Tipp bei „Tür 8“.

Tür 11

Die Türpfosten der Rettung

Ein Interview mit Mirjam im Rückblick auf das Passahfest (2. Mose 12)

Zu einer Türe gehören auch der Türrahmen bzw. die Türpfosten: rechts, links, oben. Dass Türpfosten zur Rettung beitragen können, hat das ganze Volk Israel in Ägypten erlebt. Das war ein entscheidendes Erlebnis auf dem Weg der Befreiung aus jahrhundertelanger Knechtschaft und Unterdrückung.

Mirjam, was geht dir durch den Kopf, wenn du an eure Befreiung aus Ägypten zurückdenkst?

Mirjam: Da ist zum einen eine große Dankbarkeit für das, was Gott uns geschenkt hat, aber zugleich muss ich sagen: Es läuft mir noch immer eiskalt den Rücken herunter, wenn ich an die Nacht des Passah denke.

Warum denn das? .

Mirjam: Diese Nacht war anders als alle bisherigen Nächte und auch anders als alle bisherigen Plagen, welche die Ägypter erlebt hatten.

Was geschah in dieser Nacht?

Mirjam: Der Todesengel ging durch das Land Ägypten und hatte den Auftrag, alle Erstgeborenen im Land zu töten. Das Weinen, Klagen und Schreien der Eltern und Familien war herzzerreißend.

Und was war mit den Erstgeborenen von euch Hebräern?

Mirjam: Gott hatte uns vorgewarnt. Wir hatten eine ganz besondere und zugleich seltsame Anweisung von Gott bekommen: Wir sollten in jedem Haushalt ein fehlerloses Lamm schlachten und unsere Türpfosten mit dessen Blut bestreichen. Gott erklärte genau, wie dies vor sich gehen sollte: „Fangt das Blut in einer Schale auf, taucht ein Büschel Ysop hinein und streicht das Blut an den oberen Balken und an die beiden Pfosten eurer Haustüren. Bis zum nächsten Morgen darf niemand von euch sein Haus verlassen!"

Wurde das auch so umgesetzt?

Mirjam: Natürlich! Wir hatten Gottes Wirken und Macht schon anhand der neun vorausgehenden Plagen erlebt. Keinem von uns, dem sein Leben und das Leben seiner Kinder lieb war, wäre in den Sinn gekommen, Gottes Anweisung zu ignorieren.

Und dann?

Mirjam: Was Gott sagte, geschah: „Wenn der Herr durchs Land geht, um die Ägypter zu töten, und das Blut an den Pfosten und Balken sieht, wird er an diesen Türen vorübergehen; er wird dem Todesengel nicht erlauben, in eure Häuser einzudringen und euch zu töten." – Und so wurden wir gerettet! Das Blut eines unschuldigen Lammes bzw. das Blut am Holz der Türpfosten wurde für jedes Haus zur Rettung. Und so öffnete uns Gott eine Tür aus unserem Gefängnis Ägypten. Ägypten – auf Hebräisch *Mizrajim* – heißt übrigens übersetzt „aus der Enge". Gott hatte uns eine Tür aus der Enge in seine Freiheit und Weite geöffnet.

Das kommt mir irgendwie bekannt vor …

Mirjam: Ja, durch Jesus, das Lamm Gottes, und durch sein Blut am Holzpfosten des Kreuzes öffnete Gott allen Menschen eine Tür zu seinem Heil. Jesus selbst wurde für uns alle zur rettenden Tür. Wer will, darf durch diese Tür gehen und wird gerettet – aber niemand muss …

Was hat euch als Volk geholfen, dieses Erlebnis nicht zu vergessen?

Mirjam: Wer dieses erste Passah persönlich miterlebte, konnte es sein Leben lang nicht vergessen. Das ging tief unter die Haut und brannte sich in unser Herz ein. Damit aber auch unsere Nachkommen nie vergessen würden, wie Gott uns damals rettete, hat er selbst geboten, dass wir jedes Jahr das Passah als Fest feiern sollten. So sollten wir uns an die Rettung durch das Blut an den Türpfosten und an den Auszug aus Ägypten – aus der Enge in die Freiheit – erinnern. Erinnern bewahrt vor dem Vergessen!

Vertiefung

1. Bin ich mir bewusst, dass Jesus Christus mich durch sein Blut erlöst und mich so aus dem „Ägypten“ (d. h. aus der Enge) meines Lebens befreit hat? Auch heute noch darf ich seine Erlösung für mich in Anspruch nehmen und mich unter seinen Schutz stellen.
2. Wo habe ich eine weitere Befreiung oder Rettung in meinem Leben erfahren?

Aktiv-Tipp

Als Erinnerung, dass Jesus mich gerettet und erlöst hat, gestalte ich seinen Namen in schöner Schrift (Jesus, Immanuel, mein Heiland, Messias, Christus …) und hefte diese Karte sichtbar an einen oder mehrere Türpfosten in meiner Wohnung.

Tür 12

Düfte aus der Backofentür

Ist es nicht herrlich, wenn man in einem kalten Winter von draußen das warme, gemütliche Haus oder die Wohnung betritt? Wenn dann eine kleine Leckerei vorbereitet wird und im Ofen backt, wenn ein Adventspunsch oder Glühwein auf dem Herd köchelt, dann hat man das Gefühl, geborgen und willkommen zu sein.

Der Duft aus einer Backofentür kann heimelige Gefühle bewirken und eine gute Stimmung verbreiten, sodass einem das Wasser im Mund zusammenläuft:

Hm, Weihnachtsgebäck!

Hm, Honigkuchen!

Hm, Bratäpfel!

Eine ähnliche Wirkung haben die Türen von Bäckereien. Gehen Sie mal in der Adventszeit in die eine oder andere Bäckerei und nehmen Sie bewusst die vielen herrlichen Gerüche wahr ... Der Duft ist umwerfend!

Wie wäre es, heute oder diese Woche etwas nach dem eigenen Geschmack im Backofen zu backen und zwischendurch ganz nah an die Backofentür zu gehen, um den Duft aus der Nähe zu genießen ... aber Achtung: Nicht zu nahe! Verbrennungsgefahr!

Als Aktiv-Tipp gibt es deshalb heute zwei Rezeptideen zum Ausprobieren. Lassen Sie sich Zeit bei der Zubereitung und genießen Sie diese Tätigkeit mit allen Sinnen: mit Augen, Ohren, Händen und Nase – bis hin zum genussvollen Verzehr.

Vertiefung

Manche Düfte rufen Erinnerungen hervor.

1. Welche Düfte aus der Backofentüre waren für mich als Kind besonders angenehm?
2. Was war damit verbunden?
3. Welche Düfte aus dem Backofen habe ich heute besonders gerne?
4. Welche anderen Düfte verbinde ich mit Advent und Weihnachten – Tannenduft, Kerzenduft, der Geruch von Zimt oder Nelken …?

Ich nehme mir Zeit, bewusst Gerüche und Düfte wahrzunehmen, die Augen dabei zu schließen und mich nur auf den Geruch zu konzentrieren.

Aktiv-Tipp

Honigkuchen nach Großmutters Art

Meine Großmutter machte nur wenige Sorten Weihnachtsgebäck, diese aber umso köstlicher. Dazu gehörte u. a. ihr Honigkuchen. Das Rezept hatte sie meines Wissens aus ihrer Heimat mitgebracht. Noch ofenfrisch schmeckt der Honigkuchen besonders fein.

Zutaten für den Teig:
500 g Honig
75 g Zucker
1 Päckchen Vanillezucker (oder 1 TL Vanillin)
100 g Butter
2 EL Sahne oder Milch
2 bis 3 Eier
1 Prise Salz
1 gestrichener EL Zimt
je ½ gestrichener TL gemahlene Nelken, Ingwer, Kardamom
500 g Mehl
1 Päckchen Backpulver
200 g geriebene Nüsse (Haselnüsse, Mandeln, Walnüsse)

Zutaten für die Glasur:
50 g Puderzucker
2 EL Wasser (oder Rum)

Zubereitung:
Honig, Zucker, Vanillezucker (Vanillin), Butter und Milch bzw. Sahne erhitzen, bis der Zucker aufgelöst ist. Die flüssige Masse in eine Schüssel geben und abkühlen lassen.

Nach und nach die Eier, die Gewürze und das mit Backpulver vermischte, gesiebte Mehl einrühren.

Zum Schluss die geriebenen Nüsse unter die Teigmasse rühren.

Den Teig auf ein gefettetes Blech (bzw. auf ein mit Backpapier ausgelegtes Blech) streichen. Bei 190-200°C ca. 25 Minuten backen.

Den Puderzucker mit Wasser verrühren und den noch heißen Kuchen damit bestreichen.

Den Honigkuchen nach dem Erkalten in Stücke schneiden und in einer Gebäckdose aufbewahren. Einen Apfelschnitz dazugeben. So bleibt der Honigkuchen schön saftig.

Guten Appetit! ☺

Bratäpfel à la maison
(für vier Bratäpfel – die Sorte Boskop eignet sich gut)

Äpfel gut waschen und entweder mit Apfelstecher entkernen oder halbieren und das Kerngehäuse entfernen.

In eine mit Butter gefettete Auflaufform oder Kuchenform setzen.

Für die Füllung:
100 g Butter in einer Pfanne oder einem kleinen Kochtopf schmelzen. Währenddessen 100 g gehackte Nüsse (Mandeln, Haselnüsse, Walnüsse gemischt) mit 50 g Zucker und 1 TL Zimt vermischen und der geschmolzenen Butter beifügen.

Die Masse ein paar Minuten lang rösten, immer wieder wenden.

Zum Schluss etwas Zitronensaft untermischen.

Die Masse großzügig in die Äpfel verteilen.

Im vorgeheizten Ofen bei 200° C eine halbe Stunde backen. Größere Äpfel brauchen etwas länger.

Variationen:
Anstatt Zitronensaft kann auch Rum verwendet werden.

Wer mag, kann noch Rosinen in die Nussmasse rühren.

Weitere Kreationen sind möglich. Viel Freude beim Ausprobieren!

Zu den fertigen Bratäpfeln passen natürlich Vanillesoße oder Vanilleeis.

Guten Appetit! ☺

Tür 13
Eine Lift-Tür und ein Hund

Wer schon einmal in einem Aufzug eingeschlossen war, kann vermutlich verstehen, dass dieses Gefühl alles andere als angenehm ist. Es gibt kein Tageslicht, viel zu wenig Platz; man weiß nicht, wann jemand zu Hilfe kommt und die Tür wieder öffnet. Man sitzt fest, ist auf Hilfe angewiesen und kann nur hoffen, dass die Gefangenschaft in dieser engen Kammer nicht allzu lange dauert.

Wenn ein Kind eingeschlossen ist und auch noch alleine, dann ist dies erst recht traumatisch. Gott sei Dank, wenn jemand in der Nähe ist, und Gott sei Dank gibt es Hunde. Frau L. und ihr Hund haben eine solche Erfahrung gemacht:

Ich war auf dem Heimweg von meinen Weihnachtseinkäufen und hatte gerade unbewusst viele offene Türen durchschritten. Dazu zählten sowohl das Einkaufszentrum als auch die automatischen Straßenbahntüren sowie die gleich doppelten Sicherheitstüren beim Lift in dem Hochhaus, in dem ich wohne. Im zwölften Stock angekommen, chauffierte ich meinen kleinen Wagen gerade aus der Enge des Lifts, als ein verdächtiges simples „Klick" meine Welt auf den Kopf stellte. Ich war sekundengenau vor einem Stromausfall daheim angekommen und hatte keine Zeit, diese kaum fassbare Tatsache auch zu „fassen", denn im selben Augenblick fing ein Kind höchst verzweifelt und hysterisch an zu schreien.

Sofort rannte ich im Notlicht die Treppe nach unten, immer den Rufen der Kinderstimme folgend. Im zweiten Aufzug steckte jemand fest! Irgendwo zwischen dem fünften und sechsten Stockwerk vernahm ich die Stimme am lautesten. Und da waren sie – die beiden fest verschlossenen Lifttüren, hinter denen ich die mir gut bekannte weinende Kinderstimme vernahm. Aline, das Nachbarsmädchen, ging oft bei mir ein und aus. Uns verband eine dicke Freundschaft. Doch eine solche Notsituation hatten weder Aline noch ich jemals erlebt. Ich versuchte, das zu Tode erschrockene Mädchen anzusprechen und ihre Aufmerksamkeit zu erregen. Es gelang erstaunlich rasch, sie in ein Gespräch zu verwickeln. Wir sprachen über das, was ich draußen sah und was sie bei sich innen erlebte.

In der Zwischenzeit war der Hausmeister schon eingetroffen und rannte los, um einen Spezialschlüssel zur Entriegelung der Lifttüren zu organisieren.

Immer weiter und weiter sprach ich mit Aline über alles, was mir gerade einfiel: „Ich lege meine Hand jetzt außen auf die Lifttür, hörst du mich?" – „Setz dich tastend ganz hinten im Lift an die Wand und erzähl mir, wie es sich anfühlt."

Unterdessen war der rettende Schlüssel da! Die verriegelten Türen öffneten sich und ein erlösender fahler Lichtschein fand den Weg zu dem verstörten Kind. Genau in der

Mitte zwischen den beiden Stockwerken war der Lift liegen geblieben. Mit kräftigen Handgriffen holten der Hausmeister und ich das Kind heraus auf den festen Boden des Treppenhauses. Ein Blick in Alines Gesicht zeigte mir, dass sie einen Schock hatte. Wir stiegen gemächlich die notdürftig beleuchteten Stufen hoch und durchschritten eine für mich befreiende Türe: meine Wohnungstür.

Die Sonne leuchtete durch die Fenster und erhellte die Wohnung. Meine Hündin Linda war außer sich vor Freude über den willkommenen Gast. Doch wie unheimlich: Aline war wie erstarrt. Sie sprach nicht. Sie weinte nicht wirklich; sie wimmerte nur. Auf meine Fragen hin reagierte sie sehr verzögert oder gar nicht. Innerhalb von Sekunden schien meine Hündin die ungewohnte Situation zu verstehen und begann, dem Kind Spielsachen vor die Füße zu legen. Es half alles nichts. Doch dann geschah etwas völlig Unerwartetes: Das Tier setzte sich neben das schwach schluchzende und wimmernde Kind und ahmte diese kuriosen Laute nach! Ich traute meinen Ohren nicht – das hatte ich noch nie gesehen oder gehört.

Aber es funktionierte! Aline sank in die Knie, umschlang den Hund mit ihren Armen und weinte nun endlich bitterlich. Die Situation entspannte sich in kurzer Zeit. Schon bald erzählte Aline wie ein Sturzbächlein über ihre Eindrücke und Ängste, immer mit einer Hand am Hund.

In der Zwischenzeit hatte ich die Mutter und die Schule über den Vorfall informiert und zugesichert, dass ich das Mädchen nicht alleine lassen würde. Nach einiger Zeit stellte sich die Frage nach dem längst überfälligen Schulunterricht. Doch dazu würden wir wieder in den schrecklichen Lift mit seinen Monstertüren einsteigen müssen …

Zuerst einmal gab ich dem Kind recht, dass das ein Problem war. Aber vielleicht gäbe es Möglichkeiten, schlug ich vor, z. B. „die Treppe gemeinsam mit dem Hund nehmen" oder „einfach allen Mut zusammennehmen und zu dritt in den gefürchteten Lift steigen". Wir wagten es tatsächlich! Was für ein Vertrauensbeweis! Die großen Türen schlossen sich. Ich glaube, Aline holte nicht einmal Luft, bis der Lift unten anhielt. Dabei spielte Linda, meine Hündin, eine geniale Rolle. Aline hielt das Tier die ganze Zeit über fest umschlungen.

Bei der Schule verabredeten wir, dass Aline bei ihrer Rückkehr von der Haustür aus bei mir klingeln würde, damit Linda und ich sie dort abholen könnten.

So geschah es dann auch: Bewaffnet mit Hund Linda durchschritten wir die Eingangstür und stellten uns den mächtigen Lifttüren gemeinsam. Die Fahrt verlief so normal wie eh und je. Und ich erinnere mich, dass Linda, die vierbeinige Therapeutin, einen dicken Kuss als Belohnung erhielt. Was mich an diesem Erlebnis immer wieder bewegt: Aline war in der Lage, bereits am nächsten Tag wieder alleine Lift zu fahren. Sie konnte zusehen, wie sich die bedrohlichen Türen schlossen, und darauf vertrauen, dass sie sich auch wieder öffnen würden.

Vertiefung

1. Wann in meinem Leben saß ich schon fest und war auf fremde Hilfe angewiesen? Wie erlebte ich diese Hilfe?
2. Inwiefern konnte ich schon anderen in einer solchen Situation helfen?
3. Wer aus meinem Umfeld kann zurzeit Ermutigung, Zuspruch, Trost gebrauchen? Wie könnte ich dazu beitragen, dass es dieser Person besser geht? Wie könnte ich ihr eine Tür öffnen?
4. Welche Worte, Zeichen, Sinneseindrücke können dabei helfen?

Aktiv-Tipp

1. Ich nehme mir Zeit und überlege, welche Person aus meinem Umfeld gerade eine Ermutigung braucht – einen kurzen Besuch, ein Anruf, praktische Unterstützung. Ich denke dabei besonders an Kinder aus meinem Bekanntenkreis oder aus dem Freundeskreis meiner eigenen Kinder. Gibt es ein Kind, das ich konkret unterstützen könnte, z. B. bei Schulproblemen?
2. Ich überlege, ob es ein Kind gibt, das keine Freunde hat, das einsam oder vielleicht erst neu zugezogen ist. Ich versuche, Kontakt zu dem Kind und seinen Eltern aufzunehmen, sie evtl. einzuladen und Hilfe anzubieten. Für viele berufstätige Eltern, die keine Großeltern vor Ort haben, ist es eine große Erleichterung, gute Nachbarn und eine Anlaufstelle für ihr Kind zu haben.

Tür 14
Jesus, die Tür zum Leben

Jesus Christus sagt von sich im 10. Kapitel des Johannesevangeliums: *„Ich bin die Tür zu den Schafen. Ich bin die Tür; wenn jemand durch mich hineingeht, wird er selig werden und wird ein- und ausgehen und Weide finden …“* (Johannes 10,7b.9)

Jesus bezeichnet sich also in einem seiner *Ich-bin*-Worte als eine Tür. Nicht irgendeine Tür, sondern die Tür zum „Seligwerden“ – die Tür zum Leben.

Wenn Jesus Christus sich selbst als Tür bezeichnet, dann sagt er damit:

Ich bin DIE Tür – die Tür für dich.
Ich bin die rettende Tür – die Tür zum Leben.
Ich bin die schützende Tür – die Tür,
die vor dem Bösen bewahrt.
Ich bin die bergende Tür – die Tür, die Geborgenheit gibt,
auch in der Dunkelheit, auch in Angst.
Ich bin die offene Tür – die Tür, die dich willkommen heißt.

Ich bin die Tür zum Leben – die Tür,
die dich nach Hause bringt.
Ich bin DIE Tür – die Tür für dich. Komm herein!

Was heißt es aber, durch diese Tür zum Leben zu gehen? Hierzu kann uns die Sprache der Kaingang-Indianer einen Hinweis geben. Die Diakonisse Sr. Ursula Röthenmund berichtet darüber:

> *Die Kaingang-Indianer am Rio das Cobras in Brasilien haben in ihrer Sprache anstelle von „sich Jesus hingeben" den treffenden Begriff „in Jesus hineingehen" geprägt.*
> *Wenn ich es recht verstehe, drückt Jesus genau diesen Gedanken aus, wenn er sagt: „Wenn jemand durch mich eintritt, wird er gerettet werden …"*
> *Schon als Kind durfte ich dieses „in Jesus hineingehen" persönlich erleben. Heute bin ich bald achtzigjährig und erfahre immer tiefer, was es heißt, gerettet zu werden.*
> *Jesus hat mich befreit und befreit mich immer wieder von meinen unguten Trieben und Süchten, von meinem rechthaberischen Wesen und auch von meinen Ängsten. Bei ihm wird mehr und mehr mein innerstes Verlangen gestillt. In seiner Gegenwart darf ich jeden Tag „eingehen", aus seiner Fülle schöpfen und dann auch „ausgehen", um in den Gelegenheiten, die er für mich vorbereitet hat, seine Liebe weiterzugeben.*

Durch die Tür in Jesus hineingehen bedeutet also, sich Jesus hinzugeben. Wenn ich durch diese Tür trete, überlasse ich mich mit diesem Schritt Jesus. Ich vertraue mich ihm an: mich, mein Leben; das, was war; das, was ist; das, was sein wird. Ich überlasse ihm auch meine Lasten – sei dies Schuld, Versagen, meine Ängste und Sorgen, mein Leid, meine Not. Ich gebe damit nicht meinen Verstand ab, den Gott mir geschenkt hat, aber ich bin bereit, zusammen mit Jesus durchs Leben zu gehen und mein Denken und Wollen ihm zu unterstellen: Nicht mein, sondern dein Wille geschehe!

Mit und hinter dieser Lebenstür bin ich sicher und geborgen. Etwas Besseres kann mir nicht geschehen.

An anderer Stelle, in der Offenbarung des Johannes, gibt es ein anderes Bild von Jesus und einer Tür, das mir ebenfalls sehr eindrücklich ist. Dort heißt es: *Siehe, ich stehe vor der Tür und klopfe an. Wenn jemand meine Stimme hören wird und die Tür auftun, zu dem werde ich hineingehen und das Abendmahl mit ihm halten und er mit mir.* (Offenbarung 3,20)

Das heißt also: Jesus steht vor unserer Herzenstüre und klopft an. Hier liegt es an uns, ob wir öffnen oder ihn draußen stehen lassen, ob wir ihm den Zugang zu unserem Innersten, zu unserem Ich gewähren oder verwehren, ob er in unser Leben kommen darf oder nicht.

Vertiefung

1. Was bedeutet mir persönlich Jesus als Türe? Habe ich den Mut, einzutreten und bei ihm zu sein und mit ihm zu wohnen? Wo stehe ich persönlich mit meiner Herzenstüre bzw. meinem Lebenshaus? Hat Jesus darin Platz?
2. Ich stelle mir bildlich vor, wie Jesus vor meiner Türe steht und anklopft (Offenbarung 3,20).
3. Wie reagiere ich auf das Klopfen Jesu an meiner Herzenstüre?

Es liegt an mir,

- ob ich Jesus öffne und in mein Leben einlade oder ob ich ihn draußen stehen lasse,
- ob ich ihm den Zugang zu meinem Innersten, zu meinem Ich gewähre oder verwehre,
- ob er in mein Leben kommen darf oder nicht.

Jesus steht vor der Tür und klopft an. Höre ich seine Stimme noch? Ich bin eingeladen, die Tür zu öffnen und ihn einzulassen, mit ihm Gemeinschaft zu haben, die Beziehung mit ihm zu erneuern oder überhaupt zu beginnen. Doch die Entscheidung liegt bei mir. Jesus zwingt mich nicht. Er wartet auf mein Öffnen.

Aktiv-Tipp

1. Ich zeichne bzw. male meine Herzenstüre, so wie sie aus meiner Sicht ist. Danach zeichne ich sie so, wie ich sie gerne hätte. Ich schreibe Jesus einen Brief – vielleicht einen Einladungsbrief, in mein Leben zu kommen?
2. Oder ich schreibe auf, was mich noch hindert, ihm die Tür zu öffnen. Gibt es Schuld, die ausgeräumt werden muss? Falsche Vorstellungen oder Erwartungen an mich selbst, die mich abhalten wollen, Jesus einzulassen?
3. Möglicherweise kann es sinnvoll sein, über diese Dinge das Gespräch mit einer Seelsorgerin/einem Seelsorger oder mit einer Pfarrperson zu suchen. Manchmal brauchen wir Menschen, die uns – bildlich gesprochen – dabei helfen, versperrte oder eingerostete Türen zu öffnen.

Tür 15

Die Tür zur Musik

Musik berührt die Seele und klingt im Innersten nach. Der berühmte Komponist Georg Friedrich Händel hat eine besondere Geschichte mit der Musik, denn Gott öffnete ihm 1741 wie durch ein Wunder die Tür zu seiner großartigen Gabe erneut:

Sie war zu – die Tür zur Musik, zu den Melodien des Lebens und ebenso zu den Klängen der Seele. Er hatte den Zugang zu dieser Tür verloren, vielleicht für immer.

Georg Friedrich Händel konnte nicht mehr. Er wollte nicht mehr. Alles erschien ihm sinnlos und leer. Nicht einmal mehr die zu früheren Zeiten geschaffenen Werke erreichten sein Inneres. Die Töne verhallten im Raum wie fremde Geräusche. Er, der große Meister der Musik, war am Ende seiner Kraft.

Anstatt dass musikalische Freude in Form von Tönen aus seiner Seele heraussprudelte, drückten ihn Angst und Sorgen, Geldnöte und Zukunftsfragen nieder. Sein kreatives Schaffen war wie hinter einer eisernen Tür verschlossen – unerreichbar, unzugänglich.

Seit Wochen lief Händel ziellos bis spät in die Nacht durch die Straßen Londons, voller Sorge, den Blick nach unten gerichtet – ein gebeugter Mann ohne Hoffnung. Auch in dieser Sommernacht war er wieder einmal unterwegs, ohne Ziel, ohne Hoffnung. Als er schließlich wieder seine eigenen vier Wände betrat und die Tür zu seinem Zimmer hinter sich schloss, bemerkte er ein dickes Kuvert auf seinem Pult. Was war das? Ein hundertseitiger Brief?

Mit zitternden Händen öffnete er das Päckchen, nur um enttäuscht festzustellen, dass ihm der Text für ein neues Oratorium zugesandt worden war – mit dem Titel *Der Messias*. Händel war frustriert. Wie sollte er in seinem momentanen Zustand irgendwelche neuen Werke komponieren, wo er doch seit Wochen, seit Monaten die Tür zur Musik nicht mehr finden konnte? Diese Tür war zu, unwiderruflich, und nicht einfach so auf Abruf zu öffnen, erst recht nicht mit einem neuen Oratorientext …

Händel warf den Stapel Blätter auf sein Pult und ging zu Bett. In den Schlaf flüchten – das war das, was er wollte. Aber er konnte nicht schlafen. Unruhig wälzte er sich von einer Seite auf die andere.

Immer wieder musste er an das Oratorium denken. Es war, als dränge ihn eine geheimnisvolle Kraft, doch wieder aufzustehen, den Text anzuschauen, die Worte zu lesen. Und so stand er widerwillig auf, setzte sich an seinen Arbeitstisch und begann mit der Lektüre.

Doch schon von den ersten beiden Worten wurde er innerlich zutiefst erschüttert: „Tröstet!“ Es waren Worte wie für ihn gesprochen. Worte von Gott, wie eine Antwort des Himmels an ihn persönlich: „Sei getrost!“ Diese Worte berührten ihn in seiner entmutigten Seele wie Balsam. Sie klangen in ihm, ja, Händel hörte diesen Zuspruch als Musik. Es war zuerst wie ein leiser Ton in ihm, der neu geboren wurde, der immer voller wurde, immer klangvoller, immer kraftvoller. Wie ein Funke, der neu in ihm zu brennen begann und ein Feuer entfachte: das Feuer der Musik. Ein Wunder war geschehen:

Händel hört und fühlt wieder in Musik.

Tröstet, tröstet, tröstet mein Volk, spricht euer Gott. Redet freundlich, Boten, mit Jerusalem und prediget ihr, dass die Knechtschaft nun zu Ende und ihre Missetat vergeben.
Vernehmt die Stimme des Predigers in der Wüste: Bereitet dem Herrn den Weg und ebnet durch Wildnis ihm Pfade, unserm Gott.
Alle Tale macht hoch erhaben und alle Berge und Hügel tief, das Krumme grad und das Raue macht gleich.
Denn die Herrlichkeit Gottes des Herrn wird offenbaret.
Alle Völker werden es sehen, da es Gott, unser Herr, verheißen hat …

Händel erlebt diesen Trost leibhaftig, während er zu Feder und Papier greift und den Bibeltext in musikalische Worte fasst. Er hört mit seinem Herzensohr den Schall der Posaunen und Trompeten, er spürt den Schlag der Pauke und das sanfte Streichen der Violinen sowie das Tanzen der Flöten.

Händel schreibt und schreibt und schreibt … Zwischendurch setzt er sich an sein Cembalo, um die Melodien, die in seinem Inneren entstehen, mit den Tasten zum Erklingen zu bringen. Und er singt die Worte, die er liest – Worte aus der Bibel, Gottes Worte. Sein Zimmer wird davon erfüllt. Es ist, als ob Gottes Herrlichkeit in ihm und um ihn herum gegenwärtig ist.

Händel komponiert, erschafft, musiziert die folgenden

Tage und Nächte fast ohne Unterbrechung. So entsteht das großartige Werk *Der Messias* – ein Wunderwerk!

Als er beim Schlusswort „Amen" angekommen ist, schafft er daraus ein Stufenwerk zum Himmel – zur Himmelspforte. Durch dieses Amen wird das gesamte Oratorium zu einem Gebet. „Amen, Amen, Amen!"

Die Musik hat Georg Friedrich Händels Herz erneut erreicht und berührt. Gott hat ihm die Tür zur Musik erneut geöffnet.

Für Georg Friedrich Händel bleibt bis an sein Lebensende klar, dass Gott ihm diese Klänge und Melodien geschenkt und ihm in allem geholfen hat: „Gott ist mit mir gewesen."

Vertiefung

Musik berührt die Seele und klingt im Innersten nach.

Manchmal ist es nur noch die Musik, die den Zugang zu einem Menschen ermöglicht.

Hin und wieder nehme ich meine Söhne, die alle selber ein Instrument spielen, ins Seniorenheim mit, wenn ich dort Gottesdienst halte. Wenn sie das Klavier, die Violine oder die Trompete erklingen lassen, dann verändern sich die Gesichter der Bewohnerinnen und Bewohner. Da wird etwas angerührt, das eine Schicht tiefer liegt.

1. Wann werde ich selbst durch Musik, Klänge, Töne, Gesang angesprochen?
2. Durch welche Musik öffnet sich bei mir eine Tür im Innern?
3. Wie kann ich andere durch meine Stimme oder Instrumentalmusik erfreuen?

4. Wie kann ich jemand anderem helfen, Musik zu hören – indem ich ihn bzw. sie mit dem Auto zu einem Konzert mitnehme, eine CD verschenke, zum Singen einlade?

Aktiv-Tipp

Ich höre mir den „Messias" von Händel auf CD an. Vielleicht wird er sogar in der Nähe aufgeführt.

Ich musiziere selbst oder singe.

Tür 16
Eingeschlossen …

Als ich etwa sechs Jahre alt war, flogen wir als Familie in die Ferien. Nach einiger Zeit musste ich auf die Toilette – schon allein aus Neugierde, wie es wohl auf einem WC im Flugzeug so aussieht!

Ich betrat die kleine Kammer, schloss hinter mir zu und probierte voller Freude alles aus. Als ich die Tür wieder öffnen wollte, ließ sich diese jedoch nicht bewegen. Ich versuchte es immer wieder, bewegte das Schloss, drehte den Hebel … vergeblich.

Was sollte das werden?

Ich bekam Angst und klopfte von innen gegen die Türe, immer lauter, immer heftiger. Ich weinte und rief. Aber würde mich überhaupt jemand hören?

Wenn nicht – würde ich dann den Rest meines Lebens in diesem winzigen Raum verbringen müssen? Was sollte aus mir werden?

Endlich – es kam mir vor wie Stunden – betätigte sich jemand von außen an der Türe. Schon bald wurde der Hebel gedreht … und die Türe geöffnet.

Gott sei Dank! Ich war wieder frei und rannte schnell zu meinen Eltern zurück.

Dieses für mich als Kind beängstigende Erlebnis habe ich bis heute nicht vergessen, doch inzwischen muss ich darüber schmunzeln. Andererseits ist mir die Geschichte auch zum Bild für verschiedene Lebenssituationen geworden:

Wie oft schließen wir uns im Leben ein, kommen nicht mehr weiter, sitzen in der Falle oder in einer Sackgasse fest, verschließen uns anderen und anderem gegenüber, vielleicht sogar Gott gegenüber.

Manchmal sind wir so gefangen
in unseren eigenen Themen und Ängsten,
dass wir die Weitsicht verlieren.

Manchmal rütteln wir an den Türen der Sorgen und Fragen,
ohne zu merken,
dass da auf der anderen Seite einer ist,
der schon den Überblick hat und behält.

Manchmal sind wir so festgefahren
in unserer eigenen Meinung und Vorstellung,
dass es einen Anstoß von außen braucht,
um eine neue Perspektive zu gewinnen.

Auch Menschen in der Bibel haben immer wieder Situationen erlebt, in denen sie wie gefangen und eingeschlossen waren.

Auch sie haben geschrien und gerufen und durften erleben, wie ihnen ein Größerer zu Hilfe kam: der HERR selbst, JHWH, dessen Name bedeutet: „Ich bin da. Ich bin bei dir. Ich bin für dich und für dich da!“

Vertiefung

1. Wo erlebe ich mich selbst wie hinter verschlossenen Türen?
2. Wo bin ich gefangen und vielleicht unfähig, selbst die Türe zu öffnen, die mich aus der Situation herausführt? Brauche ich Hilfe? Wer kann mir aus dieser Lage helfen?
3. Ich komme mit Gott ins Gespräch und erzähle ihm, wie es mir geht.

Aktiv-Tipp

Ich lese Psalm 107,10-16:

Andere lagen in finsteren Gefängnissen, gequält
und mit eisernen Ketten gefesselt.
Sie hatten missachtet, was Gott ihnen sagte,
und seine Weisungen in den Wind geschlagen.
Darum zerbrach er ihren Stolz durch Zwangsarbeit;
sie lagen am Boden und keiner half ihnen auf.
In auswegloser Lage schrien sie zum Herrn und er rettete sie aus ihrer Not.
Er holte sie aus den finsteren Gefängnissen
und riss ihre Fesseln entzwei.
Sie sollen den Herrn preisen für seine Gnade und für seine Wunder, die er uns Menschen erleben lässt.
Denn er hat die gepanzerten Türen zerschmettert und die eisernen Riegel aufgebrochen.

Dann versuche ich, meinen eigenen Tür-Psalm zu schreiben, vielleicht ähnlich, vielleicht ganz anders.

Der Psalm kann auch zum persönlichen Bitt- oder Dank-Gebet in Bezug auf Tür-Situationen in meinem Leben werden.

Vielleicht nehme ich mir heute Abend auch Zeit für ein wohltuendes, ungestörtes Bad. Ich schalte bewusst mein Handy, Telefon, Computer und Fernseher aus. Ich denke über die wichtigsten Ereignisse des vergangenen Jahres nach und danke Gott für gute Erinnerungen, vor allem für Erinnerungen, die mir Freiheit, Weite und neue Räume ermöglicht haben.

Eingeschlossen
in mir selbst
kreisend
grübelnd
festgefahren.

Sehnsucht
nach dem Ausgang
aus dem Teufelskreis
aus der Gefängniszelle
meiner Angst.

Wissend
ich muss hier raus
ich will hier raus
ich will!

Und doch
braucht es einen,
einen Größeren,
der mir die Türe öffnet,
die Tür zum Leben,
der mir zuspricht
Komm!
Ich bin bei dir.

Tür 17

Eine Tür zu den Flüchtlingen: Weihnachten im Februar

Die Flüchtlingsthematik fordert Europa in hohem Maß heraus. Es geht dabei nicht nur um die Finanzen, die Frage nach Unterkünften, die unterschiedlichen Kulturen und Religionen, die aufeinandertreffen, die Frage nach Möglichkeiten und Grenzen, sondern auch um die ganz persönliche Frage, wie jeder und jede zu dieser Thematik steht. Auch wenn wir diesbezüglich an unsere Grenzen stoßen, so steht doch hinter jeder Situation ein ganz persönliches Schicksal. Immer geht es um Menschen.

Eine mir bekannte Schweizer Familie pflegt den Kontakt zu einer Flüchtlingsfamilie. Von Hindernissen und Hürden, von Schönem und Schwierigem, Erstaunlichem und Bewundernswertem berichten sie mir. Sehr berührt hat mich ihre Erfahrung, wie sich allmählich Herzenstüren öffnen:

Im alten Haus an der Hauptstraße in unserem Dorf brennt am Abend wieder Licht. Das Haus hat lange leer gestanden. Markierungen zeigen an, dass das Haus irgendwann einmal abgerissen werden soll, um einem neuen Gebäude Platz zu machen. Doch Anfang des Jahres ist hier neues Leben eingezogen: eine kurdische sechsköpfige Familie aus dem Nahen Osten.

Meinem Mann, mir und einer jungen Frau aus unserem Dorf wird die Betreuung dieser muslimischen Flüchtlingsfamilie anvertraut. Voller Spannung und Freude übernehmen wir diese Aufgabe. Alles ist frisch, sauber und zweckmäßig eingerichtet für den Tag ihrer Ankunft. Doch wir müssen schon im allerersten Moment feststellen, dass wir uns nicht über die gesprochene Sprache verständigen können. Diese Menschen sprechen nur ihre eigene Landessprache. Eine große Barriere steht unsichtbar zwischen uns. Doch unsere Herzen finden sich sehr rasch. Bei Kuchen, Tee und selbst gebackenem Fladenbrot, „Sprechen mit Händen und Füßen", Google-Übersetzungen, Zeichnungen und selbst erfundener „Gebärdensprache" und mit viel, viel Zeit und Geduld können wir langsam eine Beziehung aufbauen.

Nur mit dem Kontakt mit der Dorfbevölkerung geht das nicht so spontan, wie wir uns das eigentlich vorgestellt hatten. Es gibt positive Reaktionen aus dem Dorf, aber leider auch negative und teilweise sogar verletzende. Und der Kommentar: „Wir würden schon mal vorbeikommen, wenn man sich wenigstens ein wenig in Deutsch unterhalten könnte …"

Dann gibt es noch ein Problem: Die 15-jährige Tochter darf schon bald nach den Schulferien am Oberstufen-Schulunterricht im Nachbardorf teilnehmen. Doch dazu braucht sie ein Fahrrad. Wir geben dieses Anliegen weiter in der Hoffnung, dass irgendwo ein passendes, nicht mehr gebrauchtes Fahrrad steht und wir das vielleicht für diese Tochter günstig erwerben können. Aber schlussendlich scheint niemand so einen Drahtesel „übrig" zu haben.

Dann findet Anfang Februar in der Kirchgemeinde das „Dienstagsfrühstück" statt, an dem „Jung und Alt" teilnehmen können. Ich bin auch dabei.

Es ergibt sich, dass ich neben einem Ehepaar sitze, das sich für unsere Flüchtlinge interessiert und auch fragt, ob sie wohl irgendetwas dazu beisteuern könnten, was diese Leute brauchen.

Ich nehme allen Mut zusammen und sage gerade heraus: „Ja, die Oberstufenschülerin braucht dringend ein Fahrrad!"

Die beiden Eheleute schauen sich an und lachen. „Das trifft sich wunderbar. Wir haben vor vier Jahren neue Räder gekauft und diese nie benutzt. Die Familie kann die beiden Fahrräder gerne haben!"

Wow! Ich staune nicht schlecht!

Zwei Tage später begleite ich das Ehepaar mit den Fahrrädern zu dem alten Haus an der Hauptstraße. Auf den Gepäckträgern ist noch je ein Paket eingeklemmt.

„Da sind zwei neue Helme drin", sagt mir die Frau, „und diese möchten wir den Leuten auch schenken."

Auch eine Karte ist jeweils an die Pakete geklebt, auf denen etwas in der Sprache der Flüchtlinge geschrieben ist.

„Das heißt HERZLICH WILLKOMMEN", erklären die freundlichen Geber. „Wir möchten die Leute herzlich willkommen heißen in unserem Dorf und ihnen zeigen, dass wir uns freuen, dass sie da sind!"

Mit Tee und Früchten drückt die beschenkte Flüchtlingsfamilie ihre riesengroße Freude über die Fahrräder, die Helme und den Willkommensgruß aus. Das Ehepaar, das seine Fahrräder so bereitwillig verschenkt, findet dadurch sofort den Weg in die Herzen „unserer" Flüchtlingsfamilie. Eine „Dorftüre" ist weit aufgegangen. Dieses Ehepaar hat nicht nur zwei sehr gute Fahrräder verschenkt, sondern eine erste Tür zwischen den Dorfbewohnern und unserer Flüchtlingsfamilie geöffnet.

Ich selber empfinde es als großes Geschenk, dass ich diese Freude „vermitteln" und miterleben durfte. Aber ich bin sicher: Letztendlich hat Jesus Christus sowohl die gebenden als auch die empfangenden Herzen vorbereitet, berührt und füreinander geöffnet. Das war für mich wie Weihnachten im Februar …

Vertiefung

In all den Fragen rund um die Flüchtlingsströme ist es auch wichtig, realistisch und achtsam zu sein. Es gibt nicht nur positive und ermutigende Beispiele, sondern leider auch negative und frustrierende Erfahrungen. Darum ist es wichtig, die eigenen Möglichkeiten und Grenzen zu überdenken, sowohl persönlich und privat als auch in der Nachbarschaft, im Stadtviertel, auf Gemeindeebene, regional und landesweit. Es macht auch Sinn, sich immer wieder selbst zu fragen: Wo lasse ich mich von Vernunft leiten, wo von meiner Angst vor Unbekanntem? Woher rühren meine Ängste? Bin ich bereit, Einschränkungen auf mich zu nehmen, zu teilen, Veränderungen zu akzeptieren?

Wie ist meine Einstellung zu Fremden, zu Flüchtlingen?

Habe ich den Mut, mich auf diese Menschen einzulassen? Habe ich dazu konkrete Möglichkeiten?

Wo ist es wichtig, Grenzen zu setzen, Türen zu schließen, v. a. dort, wo es gefährlich wird und die unterschiedlichen Kulturen und Glaubensverständnisse nicht zu vereinbaren sind?

Gott hat uns in der Bibel zwar gesagt, dass wir die Fremdlinge lieben sollen, aber er hat seinem Volk auch klare Anweisung gegeben, zwischen den Menschen und ihren Ideologien bzw. ihrer Religion zu unterscheiden und nicht ihre „Götter" zu übernehmen. Hier braucht es Weisheit und die Gabe der Unterscheidung! (2. Mose 22,20; 5. Mose 10,18-19; Psalm 81,10; Matthäus 25,35; Apostelgeschichte 10)

Aktiv-Tipp

Ich könnte heute Plätzchen backen oder eine besondere Spezialität besorgen und diese jemandem bringen. Vielleicht gibt es jemanden, der aus einer anderen Kultur kommt. Ich kann dieser Person so meine Offenheit zeigen und eine Tür öffnen.

In vielen Städten und Gemeinden gibt es Vereine oder Kirchen, die sich ehrenamtlich in der Flüchtlingsarbeit engagieren. Ich kann mich erkundigen, ob meine Mitarbeit gebraucht wird – es muss nicht gleich langfristig sein, doch vielleicht gibt es Adventsfeiern oder Aktionen, an denen Weihnachtspäckchen gepackt werden und bei denen ich mich einmalig einbringen kann.

Tür 18

Die Stalltür der Entscheidung – ein Besuch in Narnia

C. S. Lewis gehört zu meinen Lieblingsautoren. Ich bin ein Fan von seinen *Chroniken von Narnia.* Nicht nur einmal, nein, immer wieder habe ich diese sieben Bände gelesen – und ich lese sie noch immer.

Jedes Mal gibt es Neues zu entdecken und ich staune über die Art und Weise, wie C. S. Lewis die verschiedenen Situationen in Narnia beschrieben, gedeutet und umgesetzt hat. Und zwar so, dass wir uns angesprochen und verstanden fühlen und uns in den Geschichten wiederfinden können. Mit dem Löwen Aslan, dem Herrn und Herrscher von Narnia, bringt Lewis Jesus seinen Lesern nahe.

Neu fällt mir auf: Immer wieder geht es um Türen, Durchgänge, Eingänge und Ausgänge. Es ist von den Türen eines Schrankes (Band 2) die Rede oder eine Öffnung in einer Mauer ermöglicht den rettenden Durchschlupf (Band 3). Einmal ist es ein Türrahmen, der mitten in der Landschaft steht und der von Aslan selbst aufgestellt wird, um den Kindern den Heimweg zu ermöglichen (Band 4). Ein anderes Mal ist es eine Türe, die sich so gut wie nie öffnen lässt, doch im genau richtigen Moment führt sie ins Land Narnia (Band 6).

Im siebten und letzten Band wird eine Tür zum Hauptgegenstand: eine Stalltüre, durch die einer nach dem anderen früher oder später hindurch *muss*: für die einen zum Verderben, für die anderen zum Heil. Es geht um einen Stall, dessen Inneres größer als sein Äußeres ist.

Lucy sagt über den Stall: *„In unserer Welt barg auch einmal ein Stall etwas in sich, das größer war als unsere ganze Welt.“*[2] Natürlich denken die Lesenden an den Stall, in dem Jesus geboren wurde.

Und genau an dieser Stalltüre in Narnia scheiden sich die Geister, nämlich in dem Moment, wo sie Aslan von Angesicht zu Angesicht gegenüberstehen.

C. S. Lewis beschreibt diesen Moment vor der Türe eindrücklich:

> *Alle rannten hinauf zur Tür, in der Aslan stand. … Alle Tiere eilten herbei. Ihre Augen wurden größer, je näher sie den leuchtenden Sternen kamen. Als sie dann vor Aslan standen, wurde jedem von ihnen zuteil, was ihm zukam. Sie allen sahen Aslan ins Antlitz; doch sie hatten wohl auch keine andere Wahl, anderswohin zu schauen. Bei manchen Geschöpfen, die ihn anblickten, schwankte in den Gesichtern der Ausdruck von Furcht bis Hass. Bei sprechenden Tieren aber dauerte das Wechselspiel von Furcht und Hass nur den Bruchteil einer Sekunde. Man spürte es förmlich, wie sie im*

2 C. S. Lewis. Der letzte Kampf. Die Chroniken von Narnia. Brendow 2000, S. 124

Nu aufhörten, sprechende Tiere zu sein. Sie wurden wieder gewöhnliche Tiere. Alle Geschöpfe, die Aslan in dieser Weise ansahen, schwenkten rechts ab (von Aslan aus gesehen nach links) und verschwanden in seinem riesigen schwarzen Schatten, der sich zur Linken der Türöffnung ausbreitete. Niemand hat sie je wieder gesehen oder weiß, was aus ihnen wurde. Die anderen Geschöpfe aber blickten in Aslans Gesicht und liebten ihn, wenn auch einige zur gleichen Zeit immer noch Angst hatten. Sie kamen zur Tür herein und gingen zur Rechten Aslans.[3]

Wie wird wohl der Moment sein, wenn wir Jesus von Angesicht zu Angesicht gegenüberstehen? Wie wird es sein, wenn wir ihn, aber gleichzeitig auch uns selbst klar und eindeutig erkennen?

Jetzt sehen wir alles nur wie in einem Spiegel und wie in rätselhaften Bildern; dann aber werden wir Gott von Angesicht zu Angesicht sehen. Wenn ich jetzt etwas erkenne, erkenne ich immer nur einen Teil des Ganzen; dann aber werde ich alles so kennen, wie Gott mich jetzt schon kennt. (1. Korinther 13,12)

Ja, wir alle sehen mit unverhülltem Gesicht die Herrlichkeit des Herrn. Wir sehen sie wie in einem Spiegel, und indem wir das Ebenbild des Herrn anschauen, wird unser ganzes Wesen so umgestaltet, dass wir ihm immer ähnlicher werden und immer mehr Anteil an seiner Herrlichkeit bekommen. Diese Umgestaltung ist das Werk des Herrn; sie ist das Werk seines Geistes. (2. Korinther 3,18)

---

3 Ebd. S. 134

Vertiefung

1. Was überwiegt bei mir persönlich?
Die Sehnsucht danach, für immer nach Hause zu kommen, in Gottes Gegenwart – oder die Angst, vor ihm nicht bestehen zu können?
2. Vielleicht ist es sogar eine innere Selbstgerechtigkeit und Stolz, diesen Gott (noch immer) nicht nötig zu haben?

Aktiv-Tipp

1. Wenn ich Krippenfiguren besitze, wäre heute eine gute Gelegenheit, diese aufzustellen. Ich stelle mir vor, wie es für die einzelnen Personen war, zur Krippe zu kommen und Jesus, das Kind, von Angesicht zu Angesicht zu sehen. Was haben sie gesehen, wahrgenommen, erkannt? Wie hat Jesus sie vielleicht angeschaut?
2. Wie sieht er mich wohl an?
3. Das Weihnachts-Lied „Ich steh an deiner Krippen hier" kann mir dabei helfen, ganz bewusst zur Krippe bzw. zu Jesus zu kommen und ihm mein Herz zu öffnen.

Ich steh an deiner Krippen hier …

Ich steh an deiner Krippen hier,
o Jesu, du mein Leben.
Ich komme, bring und schenke dir,
was du mir hast gegeben:
Nimm hin, es ist mein Geist und Sinn,
Herz, Seel und Mut, nimm alles hin
und lass dir's wohlgefallen.

Da ich noch nicht geboren war,
da bist du mir geboren
und hast mich dir zu eigen gar,
eh ich dich kannt, erkoren.
Eh ich durch deine Hand gemacht,
da hast du schon bei dir bedacht,
wie du mein wolltest werden.

Ich lag in tiefster Todesnacht,
du warest meine Sonne,
die Sonne, die mir zugebracht
Licht, Leben, Freud und Wonne.
O Sonne, die das werte Licht
des Glaubens in mir zugericht',
wie schön sind deine Strahlen!

Ich sehe dich mit Freuden an
und kann mich nicht sattsehen;
und weil ich nun nichts weiter kann,
bleib ich anbetend stehen.
O dass mein Sinn ein Abgrund wär

und meine Seel ein weites Meer,
dass ich dich möchte fassen!

Wann oft mein Herz im Leibe weint
und keinen Trost kann finden,
rufst du mir zu: „Ich bin dein Freund,
ein Tilger deiner Sünden.
Was trauerst du, o Bruder mein?
Du sollst ja guter Dinge sein,
ich zahle deine Schulden."

Eins aber, hoff ich, wirst du mir,
mein Heiland, nicht versagen:
dass ich dich möge für und für
in, bei und an mir tragen.
So lass mich doch dein Kripplein sein;
komm, komm und lege bei mir ein
dich und all deine Freuden.

(Paul Gerhardt 1653)

Tür 19

Zimmertüre Nummer 19

Wieder ist es so weit; ich stehe vor der Tür Nummer 19 des Seniorenheims. Von Berufs wegen, aber auch, weil es mir Freude bereitet, besuche ich regelmäßig Menschen im Seniorenheim, im Krankenhaus oder zu Hause. Ich besuche Menschen, die es schwer haben und denen es guttut, wenn jemand nach ihnen fragt. Und jedes Mal wird mir bewusst: Jede und jeder geht mit seiner Geschichte anders um. Die einen verbittern über ihrem Schicksal, andere gewinnen an Reife und Tiefgang.

So stehe ich nun vor der Türe Nummer 19. Wie immer ist sie nur angelehnt, immer einen Spaltbreit offen. Diese Tür ist eine ganz besondere für mich, denn hier wohnt Herr Knecht, ein außergewöhnlicher Mann – oder vielleicht auch nicht; aber für mich ist er eine besondere Persönlichkeit.

Herr Knecht ist einer der wenigen Bewohner, die schon über zehn Jahre lang in dieser Einrichtung leben. Herr Knecht ist seit einem Schlaganfall halbseitig gelähmt. Jede Bewegung ist schwierig, ist eine Qual. Das Sprechen hat er wieder gelernt. Es geht langsam, aber verständlich.

Seit Jahren besuche ich Herrn Knecht. Und ich muss sagen: Ich freue mich jedes Mal auf diese gemeinsamen Zeiten.

Sie sind wertvoll. Warum? Weil es ein Geben und Nehmen ist. Zu Beginn ging ich, um dem armen Mann beizustehen, um ihn zu ermutigen. Mit der Zeit merkte ich, dass auch ich ermutigt wurde und immer beschenkt und zufrieden wieder nach Hause kam.

Herr Knecht hat immer eine offene Türe und das ist durchaus auch bildlich gemeint. Seine Tür und seine innere Haltung sind offen – auch wenn ihn die letzten Lebensjahre gezeichnet haben.

Er hat offene, einladende Augen, die seinem Gegenüber freundlich entgegenlächeln.
Er hat offene Ohren, die aufmerksam zuhören, wenn jemand erzählt.
Er selbst ist auch offen zum Reden, aber nichts Belangloses, sondern Wesentliches, gut Durchdachtes. Und außerdem hat er Humor!
Er hat ein offenes Herz für die Menschen und Geschehnisse um ihn herum.

Herr Knecht hat etwas Besonderes an sich, was nicht alle Menschen haben. Es ist wie ein Glanz – ein Glanz, der erst mit der Zeit sichtbar wird. Vielleicht kann man es mit einem Goldstück vergleichen, das über die Jahre Schrammen, Abdrücke und eine dunkle Schicht angesetzt hat. Dennoch leuchtet und funkelt das Gold überall dort durch, wo es einen Weg ans Licht findet.

Herr Knecht lässt sich nicht so schnell unterkriegen. Er kreist nicht den ganzen Tag lang um sein persönliches Schicksal, auch wenn es Tage gibt, an denen ihm der Schmerz und die Traurigkeit ins Gesicht geschrieben stehen. Doch meistens schaut er von sich weg, um an anderen und anderem Anteil zu nehmen.

Heute ist es wieder so weit. Ich besuche ihn. Auch wenn die Türe schon offen ist, klopfe ich dennoch an.

„Herein!", ertönt es fröhlich und einladend aus dem Zimmer.

Ich trete ein und lasse mich von der warmen, freundlichen Atmosphäre willkommen heißen. Wie üblich nehme ich auf dem Stuhl für Besucher Platz und schon sind wir in ein Gespräch vertieft. Es braucht keinen oberflächlichen Einstieg, keinen Austausch von förmlichen Höflichkeiten. Unser Gespräch knüpft nahtlos dort an, wo wir letztes Mal aufgehört haben. Wieder staune ich über Herrn Knechts Achtsamkeit.

Er erzählt Gutes. Auch wenn eine Situation wirklich schwierig ist, findet er dennoch mindestens eine gute Sache darin.
Er stellt sich selbst nicht in den Vordergrund.
Er hört aufmerksam zu.
Er fragt zurück.
Er antwortet überlegt und ermutigend.

Und wie immer liegt seine dicke Bibel griffbereit neben ihm. Er liest sie regelmäßig. Er hat einen Halt im Leben, trotz allem! Sein Glaube an Gott trägt ihn durch.

Über seinem Bett hängt eingerahmt sein Konfirmationsspruch aus Römer 8,28:

„Wir wissen aber, dass denen, die Gott lieben, alle Dinge zum Besten dienen, denen, die nach seinem Ratschluss berufen sind."

Bei Herrn Knecht stimmt dieser Vers. Er liebt Gott in guten und in schwierigen Zeiten. Und bei ihm scheint alles zum Guten, ja zum Besten zu dienen. Zumindest erweckt er diesen Eindruck. Einen so zufriedenen und innerlich reichen Menschen wie Herrn Knecht treffe ich selten.

Die Zeit geht jedes Mal viel zu schnell vorüber. So auch heute. Ein anderer Besuch steht noch an. Reich beschenkt verlasse ich das Zimmer Nummer 19. Vielleicht kann ich einiges von dieser wertvollen Zeit bei meiner nächsten Begegnung weiterschenken.

Ich drehe mich noch einmal um und winke dem Bewohner zu. Bis zum nächsten Mal!

Die Türe lasse ich – wie immer – einen Spaltbreit offen.

Vertiefung

1. Bei welchen Menschen fühle ich mich wohl? Woran liegt das?
2. Wo erlebe ich das Gegenteil? Womit hängt dies möglicherweise zusammen?
3. Wie fühlen sich wohl andere Menschen in meiner Nähe? Werden sie durch mich, durch meine Art, durch meine Gegenwart beschenkt?
4. Was will ich verändern, lernen, beibehalten …?

Aktiv-Tipp

Ich mache einen Besuch in einem Seniorenheim meiner Wohngemeinde oder in der Nachbargemeinde. Ich besuche jemand, den ich kenne, oder frage beim Personal, ob sich jemand über einen Besuch freuen würde.

Als Gruß kann ich einen kleinen Tannenzweig mit einer Advents- und Weihnachtskarte mitbringen.

Oder: Wie wäre es mit einem Advents- bzw. Weihnachtssingen im Seniorenheim oder im Krankenhaus? Vielleicht lässt sich spontan eine Musik- und Singgruppe zusammenstellen, die durch die Musik und Lieder beschenkt und ermutigt.

Tür 20
Hinter Schloss und Riegel

Was verschlossene Türen wirklich bedeuten, wird vermutlich den Menschen ganz besonders bewusst, die wortwörtlich hinter „Schloss und Riegel", also im Gefängnis sitzen – sei dies unschuldig oder als logische Folge einer Tat, denn unsere Taten ziehen Konsequenzen nach sich.

Die Verhältnisse in den Gefängnissen sind von Kontinent zu Kontinent verschieden und außerhalb von Europa zum Teil katastrophal. Leider gibt es viele Länder, in denen nicht nur Mörder, Diebe und Betrüger hinter Gittern sitzen bzw. die Menschen, die zu Recht dazu verurteilt wurden. Viel zu häufig werden auch Menschen inhaftiert, die gewissen Staaten und Regierungen nicht passen: politisch Oppositionelle, kritische Journalisten, Andersdenkende oder Christen, deren einziges Vergehen darin besteht, dem Herrscher des Landes nicht zu huldigen.

Wie es in einem Gefängnis ist, kann ich persönlich nicht wirklich beurteilen, da ich nur selten dort war – und wenn, dann nur als Besucherin.

Als ich noch in die Schule ging, war unser Religionslehrer auch Gefängnispfarrer. Zusammen mit ihm stellten wir Weihnachtspäckchen für die Gefangenen zusammen. Während meiner Ausbildung zur Pfarrerin begleitete ich meinen Lehrpfarrer, der ebenfalls im Gefängnis arbeitete, um mit ihm zusammen bei den Gefangenen Gottesdienste zu halten. Für mich waren diese Besuche eine ganz neue Erfahrung:

Die äußerste Türe öffnete sich. Wir traten ein und standen in einer Art Schleuse – zwischen zwei Türen. Die zweite Tür öffnete sich erst, als die erste Tür sicher geschlossen war. Dann wurden unsere Ausweise kontrolliert und behalten. In Begleitung eines Sicherheitsbeamten gingen wir zur nächsten Tür. Und nun begann eine unglaubliche Schlüssel-, Schließ- und Türöffnungsaktion: Wir kamen zu einer weiteren Türe, die nur mit Schlüssel, Code oder Karte geöffnet werden konnte. Weiter ging es erst, als diese wieder sicher zu war. Endlich standen wir in dem Bereich, in dem sich die Zimmer für die Seelsorge und Gottesdienste befanden.

Einen solch abenteuerlichen Weg bis zu einem Gottesdienst hatte ich bis dahin noch nie erlebt. Schließlich trudelten einige Gefangene ein. Ein Aufseher war nicht dabei, aber über Notknöpfe konnten wir jederzeit Hilfe herbeirufen.

Für die Männer, die aus verschiedenen Gründen im Gefängnis saßen, war so eine Feier eine willkommene Abwechslung in ihrem eintönigen Alltag. Und es war eine Chance, sie in ihrer Situation und im Hinblick auf die Zukunft zu ermutigen.

Ein paarmal war ich im Gefängnis mit dabei, aber ich muss zugeben: Ich machte nicht nur positive Erfahrungen. Eines jedoch wurde mir dabei sehr bewusst:

Es ist ein Geschenk, in einem Land leben zu dürfen, in dem niemand wegen seines Glaubens ins Gefängnis muss.

Es ist ein Geschenk, wenn man nie ein Gefängnis als Insasse von innen sehen muss, sondern davor bewahrt bleibt, dass etwas passiert, was das ganze Leben ändert, ob unschuldig oder selbst verschuldet. Denn das Böse steckt in uns allen und wie schnell sind wir dabei, anderen etwas Böses anzutun – wenn auch nur im Herzen oder in Gedanken.

Vertiefung

Ist mir eigentlich bewusst, dass mein Verhalten und Handeln Konsequenzen nach sich zieht? Es ist ein Segen, wenn es Früchte trägt; das Gegenteil, wenn ich Menschen damit schade und dafür zur Verantwortung gezogen werde.

Heute denke ich an die Menschen, die im Gefängnis sind, ganz besonders an die Christen, die um ihres Glaubens willen verfolgt und ins Gefängnis gesteckt werden.

Ich bete für sie um Kraft, Geduld, Gottes Hilfe und Schutz.

Nähere Informationen gibt es z. B. bei der Organisation Open Doors, die sich für verfolgte Christen weltweit einsetzt und konkrete Gebetsanliegen herausgibt.

Aktiv-Tipp

Wie wäre es, einem inhaftierten Menschen einen Brief zu schicken und ihn damit zu ermutigen?

Im Internet findet man dazu viele Informationen und Hinweise, was dabei zu beachten ist.

Komm HER(R)ein!

HERR, schenke mir den Mut,
durch die Türe zu gehen,
die zum Leben –
zu Dir führt.

HERR, schenke mir den Mut,
die Lasten, die ich trage – die eigenen und die fremden –,
loszulassen,
sie zu Dir zu bringen –
auch meine Angst, meinen Stolz,
meine Selbstgerechtigkeit.

HERR, weite mein Herz,
stärke die Sehnsucht nach Dir,
damit ich die Tür meines Herzens Dir
öffne
und Dich einlasse, Dich, das Leben.

Komm HER(R)ein!

Tür 21

Wenn niemand öffnet

Da stehe ich vor der Türe und warte, dass mir jemand öffnet. Ich habe mit der Bewohnerin abgemacht, dass ich sie heute anlässlich ihres 90. Geburtstags besuchen komme. Noch einmal läute ich, aber es tut sich nichts.

Etwas irritiert schaue ich in meinem Kalender nach, was ich eingetragen habe. Vielleicht haben wir beide unterschiedliche Daten oder Uhrzeiten notiert?

Ich hole mein Handy und wähle die Telefonnummer. Ich warte lange, aber auch hier kommt kein Lebenszeichen.

Noch einmal läute ich an der Türglocke.

Schließlich schreibe ich einen Zettel mit vielen Grüßen von mir, befestige ihn gut sichtbar an der Haustür und mache mich auf den Heimweg.

Irgendwie kenne ich solche Situationen auch aus früheren Jahren. Ich hatte mich mit einer Schulfreundin verabredet, stand pünktlich vor der Türe, aber niemand öffnete.
Glücklicherweise waren diese Erfahrungen nicht die Regel, aber jedes Mal hinterließ dieses „Stehen vor verschlossener Tür" ein komisches Gefühl in mir.
Stell dir vor, du hast eine Verabredung und niemand öffnet die Tür.
Stell dir vor, du stehst da wie bestellt und nicht abgeholt …

Ein paar Wochen später stehe ich wieder vor der Türe dieser Frau. Wir haben einen zweiten Versuch gestartet und vereinbart, wann ich sie besuchen komme.

Ich läute und warte. Nach einer Weile höre ich Schritte. Jemand kommt langsam die Treppe hinunter und will öffnen, aber es ist von innen abgeschlossen.

„Ich hole den Schlüssel", ruft mir die Frau zu.

„Ja, ist gut!", antworte ich ihr.

Ich warte, während sie sich mühsam die Treppe hinaufschleppt und nach einer halben Ewigkeit wieder hinuntersteigt, Stufe für Stufe.

Dann versucht sie, die Türe von innen aufzuschließen. Der erste Schlüssel passt nicht. Der zweite auch nicht. Kein Schlüssel an ihrem Schlüsselbund passt.

„Da stimmt etwas nicht. Vielleicht hat meine Tochter den Schlüssel mitgenommen. Ich muss sie anrufen. Sie hat auf jeden Fall noch einen Ersatzschlüssel."

Nach ein paar weiteren Fehlversuchen gibt die Seniorin auf. Sie öffnet ein Fenster und entschuldigt sich. Wir vereinbaren, dass wir den Besuch verschieben.

Wieder mache ich mich auf den Heimweg. Nachdenklich. Da war nicht nur ich ausgeschlossen und stand (schon wieder!) vor verschlossener Türe, sondern die Frau war selbst auch eingeschlossen. Sie hatte keine Möglichkeit, alleine aus dem Haus zu kommen. Völlig angewiesen darauf, dass jemand kommen und ihr öffnen würde.
Was ist wohl besser? Ausgeschlossen oder eingeschlossen zu sein? Vermutlich je nach Situation das eine oder das andere …

Dritter Versuch: Wieder stehe ich vor der Türe und läute. Inzwischen ist es November und der erste Schnee bedeckt die Landschaft. Was mich wohl diesmal erwartet? Doch ich muss nicht lange warten. Ich höre eilige Schritte. Schon macht sich jemand von innen an der Tür zu schaffen, schließt auf und öffnet. Es ist die Tochter, die mich zu ihrer Mutter führt. Teetassen stehen auf dem Tisch, ein Teller mit Gebäck ist vorbereitet. Eine Kerze brennt im Adventsgesteck.

Wir erleben eine wunderbare Zeit miteinander. Die alte Frau hat mir viel zu erzählen aus ihrem langen Leben – viel Schönes und viel Schweres, viele Erfahrungen, viele Schätze. Ich bin da und höre zu. Als ich mich nach einer intensiven Zeit von Mutter und Tochter verabschiede, wird mir klar, dass es sich gelohnt hat, drei Mal an dieser Türe „anzuklopfen".

Und ich denke an Jesus, der davon spricht, dass er selbst vor der Tür steht und bei uns anklopft. Lassen wir ihn ein?

Noch stehe ich vor deiner Tür und klopfe an. Wer jetzt auf meine Stimme hört und mir die Tür öffnet, zu dem werde ich hineingehen und Gemeinschaft mit ihm haben. (Offenbarung 3,20)

Und andersherum: Bei Gott stehen uns die Türen immer und jederzeit offen. Er öffnet dem, der zu ihm kommt und anklopft. Nutzen wir das?

Bittet Gott, und er wird euch geben! Sucht, und ihr werdet finden! Klopft an, und euch wird die Tür geöffnet! (Matthäus 7,7)

Vertiefung

1. Wie ist für mich das Gefühl, ausgeschlossen zu sein – nicht nur vor einer Türe, sondern aus einer Gruppe, von einer Aktivität usw.?
2. Lasse ich mich von verschlossenen Türen schnell entmutigen oder zeige ich Ausdauer?
3. Was heißt es für mich, eingeschlossen zu sein? In einem Haus oder Zimmer, ohne die Möglichkeit, allein herauszukommen – oder in eine Gruppe und Aktivität einbezogen zu werden, dazuzugehören?
4. Ich lese den Bibeltext aus Matthäus 7,7-12 aufmerksam durch. Was spricht mich an? Ich stelle mir vor, dass ich bei Gott, an seine Türe anklopfe. Mit welchem Anliegen klopfe ich an? Welcher Wunsch, welche Sehnsucht ist in mir?

Aktiv-Tipp

Ich schmücke den Esstisch, Küchentisch, Wohnzimmertisch adventlich (wenn ich es nicht schon gemacht habe) und bereite eine adventliche Runde mit Tee und Gebäck vor. Wen könnte ich dazu einladen? Vielleicht können wir über erlebte oder gehörte Geschichten sprechen, als wir bzw. andere ausgeschlossen oder eingeschlossen waren.

Oder: Wenn ich lieber für mich alleine bin, gönne ich mir eine Zeit der Ruhe am Adventstisch, genieße meinen Tee und denke über meine erlebten Türgeschichten nach.

Tür 22

Gott zu Besuch – Gott vor der Tür

Durch die barmherzige Liebe unseres Gottes wird uns besuchen das aufstrahlende Licht aus der Höhe. (Lukas 1,78)

Eine Frau träumte in der Nacht, Gott würde am nächsten Tag in ihr Haus zu Besuch kommen. Als sie am Morgen erwachte, rief sie: „Was? Gott will zu mir? In mein Haus?"

Nachdem sie aufgestanden war, lief sie von oben bis unten durch alle Zimmer ihres Hauses, schüttelte den Kopf, stöhnte hier und jammerte da, denn sie erschrak, als sie sich alles genauer anschaute. Sie sah nur Schmutz und Staub, Chaos und Gerümpel … Die Fenster waren trüb, an den Balken hingen alte Spinnweben, der Keller roch modrig. Im Wissen um den Besuch Gottes sah sie ihre Wohnung auf einmal mit anderen Augen.

Wenn Gott wirklich kommt, dann kann ich ihn so, wie es hier aussieht, nicht empfangen. Aber wenn er schon heute kommt, dann schaffe ich das nie alleine. Ich brauche Hilfe!

Und die Frau lief durch das Dorf und rief nach rechts und links: „Bitte kommt und helft mir, mein Haus zu reinigen. Ich brauche Hilfe!"

Aber niemand kam.

Enttäuscht ging sie wieder heim und begann mit der Arbeit. Da klopfte es an ihrer Türe. Als sie öffnete, stand ein freundlich aussehender Mann davor und sagte: „Ich habe gehört, dass hier Hilfe nötig ist."

Die Frau blickte erstaunt, denn sie hatte diesen Mann noch nie gesehen. Doch sie sagte „Ja gerne!" und ließ ihn herein.

Und mit diesem Helfer kam ein anderes, klares Licht in ihr Haus.

So putzten die beiden den ganzen Tag über. Sie schrubbten und ordneten, räumten und entrümpelten, wischten Staub, reinigten die Fenster, strichen die Türen neu, wuschen Vorhänge und Bezüge ... sie taten, was zu tun war. Die Frau schnitt Blumen im Garten und stellte sie in eine Vase.

Nach und nach duftete es im ganzen Haus nach Frische und Frühling, die Seele konnte wieder atmen, die Augen sahen Gemütlichkeit und Schönheit. Alles war vorbereitet. Auch der Tisch war gedeckt, ein Brot duftete im Ofen, eine Flasche edler Wein war geöffnet. Schließlich hängte die Hausbesitzerin noch ein Schild an die Haustüre, auf dem stand: „Herzlich willkommen!"

Dann war alles getan, was zu tun war. Die Sonne war schon dabei, gute Nacht zu sagen, und verbreitete ihr stimmungsvolles Rot am Horizont. Müde, aber zufrieden setzte sich die Frau mit ihrem Helfer auf die Bank vor das Haus und sagte zu ihm: „So, nun kann ich meinen Besuch empfangen. Jetzt ist alles bereit. Jetzt kann er kommen."

Noch während sie dies sagte, begegneten sich ihre Augen. Lange schauten sie sich schweigend an. Dann sagte der Helfer: „Da bin ich. Ich bin da. Ich bin bei dir!"

Und sie gingen miteinander ins Haus und teilten das Mahl miteinander.

Vertiefung

1. Ich nehme mir Zeit, um über mein Lebenshaus nachzudenken. Welche Räume und Bereiche in meinem Leben bräuchten dringend einen „Frühlingsputz“?
2. Wo sind Dunkelkammern und modrige Ecken in meinem Leben, wo Gottes Hilfe, Vergebung und Reinigung nötig ist?
3. Jesus – der Immanu-El, „Gott-mit-uns“, „Gott-mit-mir“ – will mir helfen, mein Leben zu ordnen. Lasse ich ihn ein? Öffne ich ihm die Tür zu meinem Lebenshaus? Oder bin ich der Meinung, ich könnte ihn erst einlassen, wenn alles perfekt aussieht …?

Aktiv-Tipp

Ich mache Haus- bzw. Wohnungsputz und entrümple, räume, ordne, putze … alle Zimmer nach und nach. Vielleicht schaffe ich nicht alles an einem Tag, sondern nehme mir für jeden Tag ein Zimmer vor (oder pro Woche ein Zimmer).

Es tut gut, das eigene Leben zu ordnen – außen und innen.

Mit Gott zusammen gehe ich an die Reinigung meines Lebenshauses und ordne die einzelnen Zimmer: Ruhezimmer, Ehezimmer, Familienzimmer, Berufszimmer, Sehnsuchtsraum, Beziehungszimmer ... Gott will mir helfen.

Ich gehe mit offenen Augen durch diesen Tag und nehme die anderen Menschen um mich herum bewusst wahr, denn: In der Begegnung mit dem anderen begegnet mir Gott!

Der Lobgesang des Zacharias (Lukas 1,68-79)

Gepriesen sei der Herr, der Gott Israels! Denn er hat sein
Volk besucht und ihm Erlösung geschaffen;
er hat uns einen starken Retter erweckt
im Hause seines Knechtes David.
So hat er verheißen von alters her
durch den Mund seiner heiligen Propheten.
Er hat uns errettet vor unseren Feinden
und aus der Hand aller, die uns hassen;
er hat das Erbarmen mit den Vätern an uns vollendet
und an seinen heiligen Bund gedacht,
an den Eid, den er unserm Vater Abraham geschworen hat;
er hat uns geschenkt, dass wir, aus Feindeshand befreit,
ihm furchtlos dienen in Heiligkeit
und Gerechtigkeit vor seinem Angesicht all unsre Tage.
Und du, Kind, wirst Prophet des Höchsten heißen;
denn du wirst dem Herrn vorangehen
und ihm den Weg bereiten.
Du wirst sein Volk mit der Erfahrung des Heils beschenken
in der Vergebung der Sünden.
Durch die barmherzige Liebe unseres Gottes
wird uns besuchen das aufstrahlende Licht aus der Höhe,
um allen zu leuchten, die in Finsternis sitzen
und im Schatten des Todes,
und unsre Schritte zu lenken auf den Weg des Friedens.

Tür 23

Ein Blick durchs Schlüsselloch

Da stand ich vor der Türe. Voller Spannung. Doch sie war zu.

Und ich wusste: Sie würde zubleiben bis zum nächsten Abend. Ich hielt es fast nicht mehr aus. Das Warten fiel mir so schwer.

Was würde mich dahinter erwarten? Wie würde es leuchten? Was wäre für mich?

Ich stellte mich auf die Zehenspitzen und schaute durchs Schlüsselloch. Doch ich sah nur die obere Hälfte der Stube. Und sowieso: Da war nichts von Glanz, nichts von Festlichkeit. Das Wohnzimmer im Wintertageslicht wirkte alltäglich und kalt.

Vielleicht war die Türe gar nicht abgeschlossen? Vielleicht hatte Mama vergessen, den Schlüssel herumzudrehen? Sollte ich es wagen? Ich sah mich nach allen Seiten um. Die Luft war rein. Also drückte ich vorsichtig die Türklinke nach unten und drückte dagegen. Zu. Verschlossen. Sie hatte es nicht vergessen. Schade – oder vielleicht: zum Glück?

Hätte ich mir nicht die Freude selbst verdorben, wenn ich am nächsten Abend so hätte tun müssen, als wüsste ich von nichts, als hätte ich keine Ahnung und wäre völlig überrascht?

Die 23 bisherigen Tage hatte ich gut gemeistert, denn jedes Türchen in meinem Adventskalender hatte mich näher zu dieser echten Türe gebracht. Doch nun stand ich vor dieser letzten Türe in dieser langen Warteschlaufe von Spannung und „Es-fast-nicht-mehr-aushalten-können".

Obwohl ich es fast geschafft hatte, war es kaum auszuhalten, noch länger warten zu müssen. Noch mehr als vierundzwanzig ganze Stunden. Diese Stunden kamen mir so lang vor wie der ganze Advent zusammen, wie die 24 Tage im Dezember. Jetzt hätte ich einen Adventskalender gebraucht, der für jede Stunde ein Türchen zum Öffnen hätte …

***

Dreißig Jahre später stehe ich selbst in der eigenen Stube und denke darüber nach, wie ich diesen Raum für den Heiligabend gestalten und vorbereiten kann. Wir haben ein offenes Wohnzimmer, ohne Tür, ohne Schlüssel zum Abschließen, ohne Schlüsselloch zum Hindurchgucken …

Wie kann ich den Abend dennoch geheimnisvoll vorbereiten und dazu beitragen, dass die Kinder gespannt und voller Vorfreude sein werden?

Wir haben eine große Krippe aus Holz. In der Weihnachtszeit dient sie als Gefäß für unsere Geschenke, für Nachrichten und Briefe – nicht nur für die Dinge und Worte, die wir einander schenken. Wir sind in diesen Tagen auch mit der Frage unterwegs: Was lege ich für Jesus hinein?

Was will ich ihm schenken? Was will ich ihm mitteilen – mit ihm teilen?

Und der Heilige Abend ist sowieso ein Abend voller Spannung, weil wir uns viel Zeit nehmen, um miteinander zu reden, Gutes übereinander zu sagen, zu essen, zu beten, um einander zu beschenken und um beschenkt zu werden.

Es ist nicht immer „heile Welt", aber wir alle wissen um den, der Heil in unsere Welt gebracht hat und auch in unser Leben bringen will.

Vertiefung

1. Wie habe ich als Kind das Warten im Advent bis zum 24. Dezember erlebt?
2. Konnte ich gut warten oder habe ich es vor Spannung fast nicht ausgehalten?
3. Habe ich gute Erinnerungen an diese Festzeit? Erlebten wir in der Familie Harmonie oder war es eine Zeit der Spannungen und Konflikte?
4. Was ist heute anders? Wie erlebe ich die Advents- und Weihnachtszeit heute als erwachsene Person?

Aktiv-Tipp

Ich nehme mir Zeit, um den morgigen Abend zu planen. Vielleicht könnte ich auch hier etwas mit Türen machen – nochmals eine Art Kalender mit Türen, der am Heiligabend geöffnet wird. Hinter jeder Türe verbirgt sich etwas, das wir gemeinsam machen: ein Lied singen, Lukas 2 lesen, ein Geschenk auspacken, musizieren, beten, etwas Gutes übereinander sagen …

Als Familie haben wir mit diesem „Spiel“ bis jetzt gute Erfahrungen gemacht, denn es wird klar, dass es nicht allein um die Bescherung geht, sondern um Jesus Christus, der sich uns geschenkt hat.

Tür 24
Kein Raum in der Herberge …

Interview mit einem Wirt

Bis heute werden in der Weihnachtsgeschichte ein oder mehrere Wirte erwähnt, die für Maria und Josef (und somit auch für Jesus) keinen Platz hatten, die ihre Türen erst gar nicht öffneten oder wieder zumachten und Maria und Josef abwiesen. Geschichten und Krippenspiele erzählen aber durchaus davon, dass einer der Wirte dem jungen Paar seinen Stall anbot … Wie auch immer die Geschichte rund um die Herbergen, Unterkünfte und einen Stall oder eine Höhle wirklich geschehen ist – die Tatsache bleibt, dass Jesus eine Krippe als Wiege hatte.

Andreas, du bist schon lange Herbergsbesitzer und als äußerst gastfreundlich bekannt. Wie erlebst du die Zeiten der Hochsaison in Bethlehem?

Wirt Andreas: Da gibt es allerhand zu tun – Tag und Nacht sind meine Frau und ich am Springen, Bedienen, Kochen, Putzen. Aber in der Regel managen wir den Betrieb ganz gut. Nur einmal kamen wir ziemlich ins Schleudern. Das war zur Zeit der Volkszählung, die Kaiser Augustus angeordnet hatte, und wir denken mit gemischten Gefühlen an diese Saison zurück.

Wieso denn das? Ist etwas Besonderes passiert?

Andreas: Ja, das kann man wohl sagen. Die Leute kamen scharenweise nach Bethlehem – übrigens auch in alle anderen Dörfer und Städte in Israel. Jede und jeder musste in seine Heimatstadt, um sich dort in Listen eintragen zu lassen. Viele waren für diese Zählung tagelang oder gar wochenlang unterwegs – je nach Kraft und Gesundheitszustand. Die Hotels, Herbergen und Privatunterkünfte waren doppelt und dreifach belegt. Irgendwann kam der Punkt, an dem wir sagen mussten: „Jetzt ist genug. Das Haus ist überfüllt." Im Fall eines Brandes oder sonstigen Unglücks hätte uns unsere Versicherung ansonsten jegliche Zahlung verweigert.

Was war denn am schwierigsten? Die Enge, der Lärm, die vielen Forderungen oder etwas ganz anderes?

Andreas: Es war ein junges Paar, das mich ziemlich beschäftigte. Die Frau war hochschwanger – kurz vor der Geburt.

Haben sich die beiden denn danebenbenommen oder musstest du sogar Geburtshilfe leisten?

Andreas: Wenn es nur das gewesen wäre! Nein. Wir hatten für die beiden beim besten Willen keinen Platz mehr. Meine Frau stand selbst schon knapp vor einem Nervenzusammenbruch, weil wir bei dem Dauerbetrieb der letzten Wochen kaum geschlafen hatten. Und auch ich wollte keine weiteren Gäste mehr bei mir aufnehmen. Das Maß war voll.

Ich wies die beiden ziemlich unfreundlich ab und schlug ihnen die Tür vor der Nase zu. Aber das jämmerliche Bild, das die beiden abgaben, hatte sich mir sofort eingeprägt. Etwas tief in mir war berührt.

Was war es denn?

Andreas: Da kamen verschiedenste Gedanken und Gefühle zusammen, die mich innerlich fast zerrissen: *Das ist jemand ganz Besonderes, die darfst du nicht abweisen. – Ach was, so ein Lumpenpack. Die können vielleicht nicht einmal bezahlen ... – Hab doch Erbarmen! Lass sie in eure Kammer. Du kannst auf einer Matte im Speisesaal schlafen. – Ich bin selbst so erschöpft. Ich muss endlich wieder mal durchschlafen! – Lass sie herein. Öffne die Tür! Siehst du nicht, dass diese Leute etwas haben, das dir fehlt? – Ich will nicht, ich will nicht, ich will nicht! ...*

Und? Welcher Gedanke hat gesiegt?

Andreas: Ein paar Atemzüge lang zögerte ich noch. Dann riss ich die Haustüre wieder auf und sagte: „Wartet einen Moment. Ich habe noch einen Stall. Komfortabel ist er nicht gerade, aber er reicht zum Übernachten. Stroh gibt es, eine Krippe. Esel und Ochse sorgen dafür, dass es nicht zu kalt wird." Ich zog meinen Mantel und Hut an und führte die beiden zum Stall. Die Türe stand schon offen und kaum waren die beiden drin, wirkte es von innen warm und wohnlich.

Ich überließ die beiden ihrem Schicksal. Schließlich musste ich zurück und nach meinen Gästen schauen. Es wartete noch eine ganze Menge Arbeit auf mich.

Blieben die beiden lange?

Andreas: Sie blieben länger als gedacht, denn gleich in der ersten Nacht kam das Kind auf die Welt und mit seiner Geburt veränderte sich alles.

Wie meinst du das?

Andreas: Es war ein beständiges warmes Licht über dem Stall. Außerdem kamen viele Besucher, was mich zuerst ziemlich störte, denn unter den Besuchern waren heruntergekommene Gesellen, zerlumpte Gestalten und auch Hirten, bei denen man nie so recht weiß, woran man ist.

Aber die Tür stand für diese Leute immer offen.

Hast du das Kind gesehen?

Andreas: Ja, ich ging selbst häufig zum Stall rüber. Schließlich musste ich ja auch nach meinen Tieren sehen. Diese standen übrigens immer in der Nähe beim Kind und wärmten es mit ihrem Atem. Irgendwie schienen sie zu wissen, wen sie da vor sich hatten. Jedes Mal kam ich erholt, ermutigt und innerlich erwärmt – einfach anders – vom Stall zurück, ohne dass jemand auch nur ein Wort zu mir gesagt hatte. Von dem Kind gingen ein Friede und eine Liebe aus, die nicht mit Worten zu beschreiben sind.

Wie erklärst du dir das?

Andreas: Es geht hier nicht um meine Erklärung oder Deutung, sondern was es tatsächlich mit dem Kind auf sich hatte. Und das erfuhr ich leider erst, als die Familie schon längst weitergereist, ja sogar geflohen war. Manche sagten von dem Kind, dass es der Messias sei, der Retter, der neue König. Ihnen seien Engel erschienen und hätten dies so gesagt. Ich wollte das damals nicht glauben, sondern schüttelte nur mit dem Kopf. Aber als dann König Herodes anfing, alle neugeborenen bis zweijährigen Knaben zu töten, war mir klar, dass da etwas dran sein musste. Doch sicher war ich mir nicht.

Wie denkst du denn heute über dieses Ereignis?

Andreas: Heute weiß ich, dass dieses Baby der Messias war, der dort in meinem Stall geboren wurde. Viele Jahre später hörte ich eine Predigt von Johannes dem Täufer, der kein Blatt vor den Mund nahm und ohne Furcht sagte, was Sache war. Er redete auch vom Kommen Gottes als Mensch in diese Welt. Er sagte:

„Der das wahre Licht ist, kam in die Welt, um für alle Menschen das Licht zu bringen. Doch obwohl er unter ihnen lebte und die Welt durch ihn geschaffen wurde, erkannten ihn die Menschen nicht. Er kam in seine Welt, aber die Menschen nahmen ihn nicht auf …

Das Wort wurde Mensch und lebte unter uns. Wir selbst haben seine göttliche Herrlichkeit gesehen, wie sie Gott nur seinem einzigen Sohn gibt. In ihm sind Gottes vergebende Liebe und Treue zu uns gekommen.“ (Johannes 1,9-14)

Als ich das hörte, wusste ich, dass Gott schon einmal an meiner Tür gestanden und ich ihn nicht hereingelassen hatte. Ich hatte ihm die Türe nicht geöffnet, ich hatte ihn nicht in meine Kammer gelassen, sondern hatte ihm einen Platz im Stall zugewiesen.

Was würdest du denn heute anders machen?

Andreas: Ich denke, es macht keinen großen Sinn, darüber zu diskutieren, was gewesen wäre, wenn … Nach dieser Predigt von Johannes habe ich mich entschieden, Gott meine Lebenstüre zu öffnen und Jesus – dem Immanu-El, Gott mit uns – nachzufolgen. Das war und ist meine Rettung. So konnte ich ihm doch noch die Türe öffnen und ihn bei mir aufnehmen.

Vertiefung

1. Ich stelle mir vor, ich wäre der Wirt und Maria und Josef würden an meine Tür klopfen auf der Suche nach einer Unterkunft. Würde ich sie hereinlassen? Würde ich ihnen ein Zimmer geben?
2. Wem öffne ich? Wem gebe ich Raum?
3. Hat Jesus Platz in meiner Herberge, in meinem Leben?
4. Was hindert mich daran, ihn aufzunehmen?
5. Wenn ich ihm schon geöffnet habe, wie erlebe ich ihn als „Mitbewohner"?
6. Wie erlebe ich diese Lebensgemeinschaft mit ihm?
7. Ich komme mit Jesus darüber ins Gespräch.

Aktiv-Tipp:

Wen könnte ich heute Abend – oder an einem der kommenden Feiertage – beWIRTen – im Bewusstsein, dass ich damit Jesus selbst bei mir aufnehme, denn er sagt: *Was ihr einem meiner geringsten Brüder getan habt, das habt ihr mir getan!* (Matthäus 25,40)

Die letzte Tür im Adventskalender zu öffnen bedeutet: Jesus selbst zu öffnen; ihn einzulassen!

Ausgang

Nun habe ich alle Türen im Haus 24 der Adventsstraße erkundet und bin von all den Eindrücken, Begegnungen, Erinnerungen, Düften, Tönen und Bildern ganz erfüllt.

Draußen hat es inzwischen aufgehört zu schneien.

Ich verabschiede mich von diesem besonderen Haus mit seinen 24 Türen und mache mich auf den Heimweg: reich beschenkt und im Bewusstsein, dass jede Türe etwas mit mir und meinem Leben zu tun hat.

Ich mache mich auf den Heimweg
mit Gott als Gast in meinem Herzen,
der bleibt,
auch wenn der letzte Gast gegangen ist;
der bleibt,
wenn alle Köstlichkeiten aufgegessen sind;
der bleibt,
auch wenn alle Geschenke ausgepackt sind,
der bleibt,
auch wenn der Weihnachtsschmuck wieder weggeräumt wird.
Er bleibt.

Und es warten noch mehr Türen auf mich, die ich öffnen und betreten darf:

Türen der Dankbarkeit, Türen der Freude, Türen des Friedens, Türen zum Frieden, Türen der Hoffnung, Türen zum Glauben und Vertrauen, Türen der Vergebung und Versöhnung, Türen zur Stille, Türen zum Wesentlichen, Türen zu Gott, zu mir selbst und zu anderen.

So darf ich weiterhin unterwegs sein, von Tür zu Tür in meinem Alltag, in meinem Umfeld, in meinem Leben. Und Gott mit mir.

Ich darf weiterhin Türen öffnen und schließen, an Türen klopfen und warten, bis mir geöffnet wird; ich darf andere bei mir willkommen heißen und mein Herz auftun.

Und in allem gilt: Gottes Herz ist immer offen für mich. Bei ihm bin ich immer willkommen! Und mein Herz darf immer offen sein für ihn und für meine Mitmenschen.

Der HERR behüte deinen Ausgang und Eingang
von nun an bis in Ewigkeit!
(Psalm 128,8)